地方智库报告
Local Think Tank

昆明社会治理现代化指数报告（2021年）

杨　亩　周红斌◎主编

中国社会科学出版社

图书在版编目（CIP）数据

昆明社会治理现代化指数报告．2021 年／杨cc，周红斌主编．—北京：中国社会科学出版社，2022. 4

ISBN 978－7－5227－0090－8

Ⅰ．①昆…　Ⅱ．①杨…②周…　Ⅲ．①社会管理—现代化管理—研究报告—昆明—2021　Ⅳ．①D677. 41

中国版本图书馆 CIP 数据核字（2022）第 060397 号

出 版 人　赵剑英
责任编辑　孙　萍
责任校对　郝阳洋
责任印制　王　超

出　　版　中国社会科学出版社
社　　址　北京鼓楼西大街甲 158 号
邮　　编　100720
网　　址　http://www. csspw. cn
发 行 部　010－84083685
门 市 部　010－84029450
经　　销　新华书店及其他书店

印　　刷　北京明恒达印务有限公司
装　　订　廊坊市广阳区广增装订厂
版　　次　2022 年 4 月第 1 版
印　　次　2022 年 4 月第 1 次印刷

开　　本　787×1092　1/16
印　　张　13. 25
字　　数　172 千字
定　　价　75. 00 元

《昆明社会治理现代化指数报告(2021年)》
编审委员会

序　言

为深入贯彻落实习近平总书记考察云南指出的“不断增强边疆民族地区治理能力”重要指示精神，昆明聚焦基本公共服务实现均等化，城乡区域发展差距和人民生活水平差距缩小，动态分析昆明市就业、收入分配、教育、社保、医疗、住房、养老、扶幼等各方面发展质量，按年度编著出版《昆明社会治理现代化指数报告（2021 年）》。

本书在全国首次提出了“市域社会治理综合指数”。该指数体系把昆明社会治理放到国家治理体系和治理能力现代化的大局中考量，分别从社会活力、社会服务、社会环境“三大维度”，科学系统遴选出了“人口平均预期寿命”“城镇登记失业率”“人均可支配收入”等 45 项指标，运用主成分分析，昆明 2018 年、2019 年、2020 年指数得分分别为 80.76、81.46、82.78，呈持续稳步上升趋势。

本书在全国率先探索提出“县域社会治理指标体系”。按照数据普遍适用、有统计口径、可量化评估的原则，筛选出客观反映基层特点、体现治理能力的 21 项指标。通过纵向对 2018—2020 年三年的指标进行比较，全面反映县（市）区社会治理的工作成效和发展潜力。同时横向与全国东部、中部、西部、东北部 200 个县（市）指标进行比较分析，校准了昆明县域社会治理发展坐标。

百舸争流奋楫先，千帆竞发勇者胜。通过指数对比，昆明找出了市域、县域治理能力的短板和差距。我们将紧盯短板差距、奋力探索创新，运用先进的理念、专业的方法、明确的标准，把昆明区域性国际中心城市社会治理深度融入“一带一路”建设，努力打造全省社会治理的“首善之城”、国家边疆民族地区社会治理“典范城市”，为“中国之治”贡献昆明力量。

目　录

第一章　高质量发展视域下的昆明社会治理现代化

2017年党的十九大报告第一次明确提出，中国经济由高速增长阶段转向高质量发展阶段。在2021年的全国两会上，习近平总书记接连强调“高质量发展”意义重大。昆明在“十四五”规划纲要中也提出，今后五年昆明经济社会的“高质量发展再上新台阶”。所以，在中国经济已由高速增长阶段转向高质量发展阶段，中国社会主要矛盾已经转化为人民日益增长的美好生活需要和不平衡不充分的发展之间矛盾的背景下，对昆明市域社会治理现代化的研究，必须以中国高质量发展为视域，推进相关的研究分析。

一　以高质量发展应对百年未有之大变局

习近平总书记深刻指出：“当今世界正经历百年未有之大变局。”① 这是我们党立足中华民族伟大复兴战略全局，科学认识全球发展大势，深刻洞察世界格局变化而作出的重大判断，这不仅对于我们推进国家治理体系和治理能力的现代化，而且对于推进市域社会治理现代化具有重大而深远的意义。

---

①　参见《习近平新时代中国特色社会主义思想学习问答》，学习出版社、人民出版社2021年版，第20页。

（一）百年未有之大变局的趋势及其本质特征

百年未有之大变局，概括起来说，就是当前国际格局和国际体系正在发生深刻调整，全球治理体系正在发生深刻变革，国际力量对比正在发生近代以来最具革命性的变化，世界范围呈现出影响人类历史进程和趋向的重大态势。

1. 百年未有之大变局的进步趋势

纵观人类历史，世界发展从来都是各种矛盾相互交织、相互作用的综合结果，大变局孕育于其中，并在复杂多变的演进中促进人类社会的发展。15 世纪至 16 世纪，新航路开辟和西方大航海时代到来，人类历史迈出了向“世界历史”转变的第一步。17 世纪，象征着欧洲三十年战争结束而签订的《威斯特伐利亚和约》，确立国家主权平等的原则，它不仅是近代国际法的实际源头，又是近代意义上的第一个国际关系体系。18 世纪第一次工业革命后，人类社会迈上了加速发展的轨道，科技革命和工业革命呼唤出来的巨大生产力，深刻改变了世界发展的既有格局。从 19 世纪初的维也纳体系，到第一次世界大战后的凡尔赛—华盛顿体系，再到第二次世界大战后的雅尔塔体系，其背后反映了世界大变局的演进发展。苏联解体、东欧剧变后世界两极格局瓦解，美国成为唯一超级大国，但世界各种力量不断发展壮大，多极化趋势愈加清晰。科学社会主义自诞生以来，从理论到实践，从一国到多国，从遭遇曲折到奋起振兴，也深刻影响世界大变局的演进过程，引领世界不断朝着有利于人类进步的方向发展。

2. 百年未有之大变局的新特征

进入 21 世纪，世界大变局的调整呈现出一系列前所未有的新特征、新表现。世界经济版图发生的深刻变化前所未有，发达国家和发展中国家在国际分工体系中的地位角色发生重大转变，发达国家经济增长乏力，新兴经济体和发展中国家在世界经济中占据越来越大的份额，世界经济重心加快“自西向东”位移。新一轮科技革命和产业变革带来的新陈代谢和激烈竞争前所未有，不仅有力重构全球创新版图、重塑全球经济结构，而且深刻改变人类社会生产生活方式和思维方式，推动生产关系变革，给国际格局和国际体系带来广泛深远影响。这种广泛深远的影响，有以下四个方面的特征。

第一，中国与世界的关系发生了根本性的变化，这是百年未有之大变局中的最大变局。从半殖民地半封建社会变为当今世界最大的社会主义国家，从处于世界格局边缘化地位变为今天日益走近世界舞台中央的负责任大国。中国的国际影响力、感召力、塑造力提高了，改变了世界格局。同时在世界上担起的责任、受到的关注、承受的压力也随之加重加大。“修昔底德陷阱”是不是定律还有争议，但美国近年来对中国的战略遏制打压逐步加剧升级，却是一个不争的事实，就连新冠肺炎疫情防控也成为美国污名化中国、遏制打压中国的阵地。美国发起的中美经贸摩擦，从关税、贸易、技术扩展到媒体、舆论、外交等，斗争领域不断拓展，程度不断加深，都是服务于美国政府的战略企图。中国从富起来到强起来不可阻挡的伟大飞跃，中国特色社会主义在世界上的旗帜引领，中国文化软实力的国际传播，在西方敌对势力那里都是不可容忍的，都要千方百计、竭尽所能加以阻止压制。中国积极促进“一带一路”国际合作，打造国际合作新的平台，增添共同发展新的动力，也被一些别有用心的人扣上“中国国际地缘政治战略”的帽子，横加指责。但是中国不断走近世界舞台中央的进程是不可阻挡的。

第二，全球化、信息网络化，使世界各个国家、各个民族乃至人类社会日益紧密交织在一起，成为“我中有你，你中有我”的命运共同体。这是世界百年未有之大变局的第二个本质特征。正如习近平总书记所说：“今天，人类交往的世界性比过去任何时候都更深入、更广泛，各国相互联系和彼此依存比过去任何时候都更频繁、更紧密。”[①] 全球化在给世界各国带来新机遇的同时，也带来了风险全球化，风险具有强烈的振荡和联动效应。全球不仅命运与共、利益相关，而且风险与共、风雨同舟。“黑天鹅”既可以从本土飞往他国，也可能从他国飞来本国；“灰犀牛”既可以潜伏在一国，也可能潜伏在多国。风险全球化的趋势，使得忧患意识、风险意识的视野，不能仅仅局限于本国之内，还要高度关注防止国际风险演化为国内风险，防止他国风险传导为本国风险，防止本国风险扩散为全球风险。人类命运共同体同时也是人类风险共同体，面对人类共同灾难，必须树立人类命运共同体意识。当然，要清醒地看到，人类命运共同体并不能消弭国家间利益矛盾冲突，国家利益本位仍然是各国决策的基本准则，国家间以邻为壑、损人利己、转嫁危机、转移风险包括发动战争的行为不会消除。百年未有之大变局在促使人类更紧密地交织成为命运共同体，也蕴含着种种损害命运共同体的风险。

第三，世界百年未有之大变局的第三个特征是：和平与发展仍然是时代主题，但是不稳定性和不确定性更加突出。英国“脱欧”、法国“黄马甲”运动、美国大规模骚乱等“西方之乱”不断上演，其背后是国际金融危机深层次影响持续发酵，西方国家贫富差距不断扩大，催生政治极化、民粹主义、种族冲突等问题。特别要看到，2020 年新冠肺炎疫情全球大流行，成为世界百年未有之大变局的新变量、催化剂。这次百年一遇的大疫情，不仅让复苏乏力的世界经济雪上加霜，更重要的是它凸显出西方资本主义主导下国际体系的严重弊端，宣告了新自由主义的彻底破产，加快了国际力量此消彼长，使国际格局“东升西降”的趋势更加显著，推动大变局不断向纵深发展。

第四，在世界大变局中，中国持续快速发展，中华民族伟大

---

① 习近平：《在纪念马克思诞辰 200 周年大会上的讲话》，人民出版社 2018 年版，第 22 页。

复兴不断向前推进，成为世界格局演变背后的主要推动力量。习近平总书记强调，中华民族伟大复兴，是造成世界百年未有之大变局的重要原因；世界面临百年未有之大变局，给中华民族伟大复兴带来重大机遇。中国从100多年前的半殖民地半封建社会，逐步发展成为世界第二大经济体、最大的社会主义国家，对世界经济增长的贡献率连续多年超过30%。中国进入世界创新力排名前15位，在科技革命中的角色由跟跑者、参与者向并跑者、变革者转变。中国在全球治理领域承担更大责任、发出更多声音，成为多边合作的积极倡导者。中华文明在世界上的影响力与日俱增，成为文明多样性发展中不容忽视的重要力量。更重要的是，由于中国特色社会主义不断成功，冷战结束后世界社会主义万马齐喑的局面得到很大程度的扭转，社会主义在同资本主义竞争中的被动局面得到很大程度的扭转，社会主义优越性得到很大程度的彰显，中国特色社会主义成为振兴世界社会主义的中流砥柱。

不过，世界百年未有之大变局，在为中华民族伟大复兴带来了新的发展机遇、生长空间、资源条件的同时，也带来了新的外部环境风险。中华民族复兴，需要一个相对稳定、可预期可控制的环境。国际环境与国内环境相比，具有更多的不确定性和不可控性，这些不确定性和不可控性，都有可能干扰冲击民族复兴的进程。即使我们有应对外部环境风险包括外部环境突发性风险的思想准备和相应对策，但还不能精准测定这种风险爆发的类型、缘由、时间、空间、危害等，不容易完全做到未雨绸缪、防患未然，会有可能因外部环境风险的影响而不同程度地改变民族复兴的既定轨道和进程。例如，气候变化、生态灾难、全球疫情、战争状态等。当前这场新冠肺炎疫情全球性大流行，波及范围之广、影响人口之多、经济损失之大，也是世界百年未有的。这场全球公共卫生安全的重大风险对世界和中国造成的危害性后果，现在还无法精确预测，但有一点是肯定的，世界与中国是命运攸关，合作互助、共济共存是最佳选择、最好出路。

值得关注的是，中华民族伟大复兴的战略全局，内在于世界大变局之中，并已成为世界大变局的一个重要变量。中国可以通过战略运筹，影响甚至改变世界大变局的走向和走势，使之朝着有利于中国和世界的方向转变。比如，推动“一带一路”国际合作，推动构建人类命运共同体，都是推动世界大变局向着有利于世界和平发展、有利于中华民族复兴方向演变的中国智慧和中国方案。中国面对整个世界，面对世界各国，面对不同的种族、宗教、文化、民族、国家、制度，世界的复杂性决定了新时代中国特色大国外交的复杂性。中国对世界的影响力增强、感召力提升、塑造力加大，很多国家和友好人士为之喝彩，但也有“中国威胁论”等杂音频现，由此加深了对中国的戒备心理。因此，必须运用复杂性思维对待复杂性风险，在国际关系中扩大“朋友圈”，在国际关系中始终处于主动和有利地位。

（二）高质量发展应对百年未有之大变局的价值

新时代，中国生产函数正在发生变化，经济发展的要素条件、组合方式、配置效率发生改变，面临的硬约束明显增多，资源环境的约束越来越接近上限，碳达峰、碳中和成为中国中长期发展的重要框架，高质量发展和科技创新成为多重约束下求最优解的过程。在全面建设小康社会阶段，我们主要解决的是量的问题；在全面建设社会主义现代化国家阶段，必须解决好质的问题，在质的大幅提升中实现量的持续增长。① 以高质量应对世界百年未有之大变局，突出了以下三个层面的价值。

1. 以高质量发展应对世界经济复苏乏力、持续低迷

国际金融危机爆发至今已有十多年。但是，21 世纪世界经济复苏乏力、持续低迷，外部需求对中国经济的拉动作用明显

① 刘鹤：《必须实现高质量发展》，《人民日报》2021 年 11 月 24 日。

弱化。2020年中国GDP突破100万亿元，人均GDP超过1万美元，14亿中国人民人均GDP达到世界平均水平，形成拥有全球最多中等收入群体的超大市场。不过，中国经济增速从过去9%左右的高速增长，逐步回落至现阶段6%左右的增速。尤其是过去十年间，中国经历了增速换挡期，从2011年9.6%的GDP增速，逐渐回落至2019年的6%。

值得关注的现象是：2020年以来，中国劳动力年龄人口（15—59岁）进入下降阶段，劳动力成本优势逐渐减弱。更多新兴经济体加快了工业化步伐，利用其劳动力低成本优势吸纳制造业投资，加剧了世界市场竞争。中国市场需求结构加快升级，但国内供给侧还不能很好满足需求结构这一变化，导致越来越多的高端需求转向海外市场。内外部条件的变化，使得中国原有增长模式越来越受到制约，迫切需要推进高质量发展。

中国从高速发展阶段转向高质量发展阶段后，劳动力不像过去那么充裕，部分工厂面临招工难题，机器（资本）代替劳动的现象增多；资源消耗量增大，部分能源、资源品对外依存度提高；如果沿用过去那种先污染后治理的生产方式，后续环境治理成本很高；原来依靠技术引进来提升产业水平，现在一些领域遭到了发达国家的技术封锁，这些都要求提高经济发展质量、增加产出效益。①

2. 以高质量发展应对中国外贸发展面临的“三多三少”挑战

在《“十四五”对外贸易高质量发展规划》中强调，目前中国外贸发展正面临着前所未有的挑战，外贸传统竞争优势弱化，新优势亟待培育，外贸高质量发展风险防控体系需不断完善。

在以往中国外贸高速增长的背后，许多外贸企业特别是中小微企业经营压力增大，困难增多，“有单不敢接”“增收不增

① 刘鹤：《必须实现高质量发展》，《人民日报》2021年11月24日。

利”现象较为普遍。外贸发展不能盲目乐观，还存在很多隐忧，具体来看，面临着“三多”和“三少”的问题。

“三多”是指：一是贸易风险多，很多企业的订单被延迟或取消，收汇风险加大。二是成本上涨多，海运运价仍处在高位，原材料价格上涨，反映全球大宗商品价格的路透商品研究局（CRB）指数达到235，较2020 年低点上涨一倍多。三是供应链堵点多，多国仍未全面复工复产，港口持续拥堵，全球主干航线准班率从去年5 月的73.6%下降至2021 年10 月的17%。

“三少”是指：一是订单少，PMI 新出口订单指数已连续7 个月位于荣枯线以下。二是芯片少，机构预测供应紧张情况可能持续至2023 年。三是制造业劳动力偏少，部分地区外贸企业面临季节性用工短缺。

“三多三少”是目前中国外贸面临的客观的环境，需要靠内生发展动力去弥补，加快构建“国内国际双循环”相互促进的新发展格局。在受限制的“卡脖子”领域，在加强国际合作的同时要加快自身创新驱动发展，增强竞争力，克服短板与挑战。①

创新驱动主要表现在两个方面：一是向深化改革要动力，通过“放管服”改革和制度创新释放更多政策红利；二是顺应国内外数字化、网络化、智能化发展大趋势，鼓励数字赋能，大力发展数字贸易，加快发展跨境电商、市场采购贸易、企业海外仓、保税维修等贸易新业态新模式，从而促进外贸的数字化转型，增强外贸创新发展的内生动力。

3. 以高质量发展应对社会治理领域面临的风险

“十四五”时期，高质量的发展将有助于我们破解社会治理领域面临的以下三个方面风险挑战。

---

① 《中国外贸面临“三多三少”问题，“十四五”外贸高质量发展规划指明路线图》，21 世纪经济报道，2021 年11 月25 日，http：//www.21jingji.com/article/20211125/fc432af977566263ad8284adf73f70b6.html。

一是人民日益增长的美好生活需要增长升级与满足程度不匹配带来社会矛盾风险。人民美好生活需要是全体人民的需要、内涵广泛的需要、日益增长的需要，满足人民美好生活需要的根本出路是解决发展不平衡不充分的问题。解决这一矛盾是一个动态的过程，但只要不平衡不充分发展的状况没有从根本上改变，就会存在不同的社会群体满足美好生活需要的实现程度不同的矛盾，就潜藏着社会群体之间矛盾的风险。二是资源需求剧增带来的环境可持续风险。中国已经有 14 亿而且还在继续增长的人口，都在追求日益增长的美好生活需要的满足，这些需要无论什么性质和类型，都要以相应的资源供给为支持。中国许多资源的人均水平在世界处于较低水平，生态环境脆弱，即使依靠国际贸易进口能源资源，资源紧缺的风险也是始终存在的。三是人民需要多样多元多层带来的价值冲突风险。温饱问题解决之后，人民美好生活需要的个性化趋势，强化了价值观的多样性。在民主、法治、公平、正义、安全等价值观领域，同一个事实、同一个话题，就会形成不同的甚至是对立的观点，网上网下的舆论争端反映了现实社会的价值分歧，形成“撕裂的社群”。

二　高质量发展必然要求社会治理现代化

以党的十九届六中全会《中共中央关于党的百年奋斗重大成就和历史经验的决议》所强调五个方面的根本要求来衡量，即必须实现创新成为第一动力、协调成为内生特点、绿色成为普遍形态、开放成为必由之路、共享成为根本目的的高质量发展。所以，对高质量发展的认识，正如习近平总书记所强调的，“高质量发展不只是一个经济要求，而是对经济社会发展方方面面的总要求”①。

① 《坚定不移走高质量发展之路　坚定不移增进民生福祉》，人民日报 2021 年 3 月 8 日。

在中国特色社会主义新时代，高质量发展既是保持经济持续健康发展的必然要求，也是适应中国社会主要矛盾变化和提高社会治理现代化水平，推进全面建设社会主义现代化国家的必然要求。

（一）高质量发展内蕴社会治理的现代化要求

在中国经济发展进入新常态的背景下，我们要立足大局、抓住根本，看清长期趋势、遵循经济规律。要牢固树立正确的政绩观，不简单以 GDP 论英雄，不被短期经济指标的波动所左右，坚定不移实施创新驱动发展战略，主动担当、积极作为，推动中国经济在实现高质量发展上不断取得新进展，既是适应把握引领经济发展新常态的主动选择，也是适应我国社会主要矛盾变化，不断增进民生福祉、促进人民共同富裕的必然要求。

1. 高质量发展是适应中国社会主要矛盾变化的必然要求

中国特色社会主义进入新时代，中国社会主要矛盾已经转化为人民日益增长的美好生活需要和不平衡不充分的发展之间的矛盾。不平衡不充分的发展就是发展质量不高的直接表现。更好满足人民日益增长的美好生活需要，必须推动高质量发展。我们要重视量的发展，但更要解决质的问题，在质的大幅度提升中实现量的有效增长，给人民群众带来更多的获得感。

2. 高质量发展要以人民共同富裕为归宿

人是经济体系的基本组成部分，涉及需求和供给两个方面，既是消费主体，又是生产和创新的主体，是最具活力的生产要素。满足人民需要是社会主义生产的根本目的，也是推动高质量发展的根本力量。中国经济的新增长点、新动力蕴含在解决好人民群众普遍关心的突出问题中，产生于人力资本质量提高的过程中。高质量发展就是要回归发展的本源，实现最大多数人的社会效用最大化，即实现人民的共同富裕为根本诉求和归宿。

在高质量发展阶段，以习近平同志为核心的党中央把实现全体人民共同富裕摆在更加重要、更加突出位置上。为此必须通过推动高质量发展，广泛有效调动全社会积极性能动性，提升全社会人力资本质量和专业技能，扩大中等收入群体，为共同富裕奠定基础。同时，要以高质量的社会建设、社会治理，更好满足人民日益增长的美好生活需要，为人民实现共同富裕获得感、幸福感、安全感。

高质量发展的关键是推动质量变革、效率变革、动力变革。质量、效率、动力变革既是促进高质量发展的关键，也是提高社会治理质量，形成社会治理的动力机制（民主协商、公众参与等），进而更好满足人民群众日益增长的美好生活需求、促进共同富裕的关键。所以，高质量发展必然要求社会治理的现代化与其相适应。

（二）高质量发展对市域社会治理现代化的新要求

高质量发展作为经济、社会和生态环境的全方位高质量发展，对新时代的社会治理提出了现代化的新要求。

为适应高质量发展以及国家治理体系和治理能力现代化的要求，习近平总书记在2019年的中央政法工作会议上提出，要加快推进社会治理现代化，努力建设更高水平的平安中国。社会治理的现代化要突出以下五个方面的现代化。

1. 社会治理理念现代化

一是坚持以人民为中心的理念。习近平总书记指出，人民是我们党执政的最大底气。要坚持以人民为中心的发展思想，着力解决人民群众最关切的公共安全、权益保障、公平正义问题，不断增强人民群众获得感、幸福感、安全感。要贯彻好党的群众路线，让群众的聪明才智成为社会治理创新的不竭源泉。二是坚持以社会公平正义为价值追求的理念。习近平总书记指出，公平正义是中国特色社会主义的内在要求，促进社会公平正义是政法工作的核心价值追求。社会矛盾大多是由利益问题引发的，预防化解的关键是要以促进社会公平正义、增进人民福祉为出发点和落脚点，加大协调各方面利益关系的力度，推动改革发展成果更多更公平惠及全体人民。要严格执法、公正司法，努力让人民群众在每一个案件中都感受到公平正义。三是坚持以共建共治共享为格局的理念。习近平总书记指出，要坚持走中国特色社会主义社会治理之路，加强社会治理制度建设，完善党委领导、政府负责、社会协同、公众参与、法治保障的社会治理体制，打造共建共治共享的社会治理格局。要更加注重联动融合、开放共治，实现人人有责、人人尽责、人人享有。

2. 社会治理体制现代化

创新社会治理体制，是推进社会治理现代化的重要组织保障。要充分发挥党中央集中统一领导、集中力量办大事等一系列政治优势，以改革创新的思路，打造共建共治共享的社会治理新格局。

横向构建共治同心圆。社会治理是全社会共同参与的治理。要探索构建党委领导、政府负责、群团助推、社会协同、公众参与的社会共治同心圆，增强推进社会治理现代化的向心力。

纵向打造善治指挥链。要明确从中央到省、市、县、乡各级党委和政府的职能，努力打造权责明晰、高效联动、上下贯通、运转灵活的社会治理指挥体系。目前要突出强调中央、市域、基层三个层面的职能和作用。

3. 社会治理方式现代化

社会治理的现代化转型，既是思想观念的伟大革命，更是方式方法的深刻变革。我们要坚持系统治理、依法治理、综合治理、源头治理，充分发挥政治、法治、德治、自治、智治作用，加快推进社会治理方式现代化。具体要发挥好“五治作用”：一是政治引领作用；二是法治保障作用；三是德治教化作用；四是自治基础作用；五是智治支撑作用。

4. 社会治理政策现代化

社会治理政策是最重要的公共产品之一。要围绕打击、防范、监管、协商、服务等领域，有针对性地创新完善社会治理政策，提升社会治理实效。当前要着重探索创新四个方面的政策：一是激发社会力量参与社会治理的政策；二是社会治理队伍职业化建设的政策；三是创新优化社会生态的政策；四是做强做大政法网上舆论力量的政策。

5. 社会治理能力现代化

社会治理体系与社会治理能力相辅相成，我们要围绕实现社会治理现代化，着力加强社会治理能力建设，以提高社会治理能力促进社会治理体系成熟定型。重点要提高“六种能力”：一是学习研究能力；二是决策统筹能力；三是改革创新能力；四是打击防范能力；五是基础管理能力；六是舆论引导能力。

三　昆明适应高质量发展的社会治理现代化追求

为适应高质量发展，《昆明市“十四五”时期社会建设规划》明确，到2025年，基本形成社会治理现代化体系框架，民生保障水平更加提高、社会服务体系更加完善、社会治理体制更加健全、社会动员更加广泛、社会环境更加文明、社会关系更加和谐，基本形成党委领导、政府负责、民主协商、社会协同、公众参与、法治保障、科技支撑的现代社会治理体系，成为全国市域社会治理现代化试点合格城市。

（一）昆明社会治理现代化聚焦六大层面

1. 党的建设更加深入

加强党对社会建设工作的全面领导，推动党的组织优势转化为社会建设优势、组织资源转化为社会建设资源、组织力量转化为社会建设力量，基本形成党组织领导、多方参与、系统集成、一体推进的社会建设体系，社会领域党的组织和工作全面覆盖，党领导社会建设的能力全面加强，基层党组织宣传党的主张、贯彻党的决定、领导基层治理、团结动员群众、推动改革发展的战斗堡垒作用充分发挥。

2. 社会服务更加完善

围绕“幼有所育、学有所教、劳有所得、病有所医、老有所养、住有所居、弱有所扶”目标，基本形成政府主导、覆盖城乡、持续发展、优质高效的基本公共服务体系。多层次社会保障体系更加健全，脱贫攻坚成果巩固拓展，乡村振兴战略全面推进，城乡居民共同富裕迈出坚实步伐。

3. 市域治理更加有效

“党委领导、政府负责、民主协商、社会协同、公众参与、法治保障、科技支撑”的市域社会治理现代化体系进一步健全，“共建、共治、共享”相互衔接的市域社会治理现代化格局进一步完善，“政治、法治、德治、自治、智治”全面融合的市域社会治理现代化方式进一步完备，全面建成全国市域社会治理现代化试点合格城市，城乡居民的获得感、幸福感、安全感得到全面提升。

4. 基层治理更加精细

基层治理体系更加健全，共建共治共享的社会治理氛围日益浓厚，政府治理和社会调节、居民自治形成良性互动，网格化管理、精细化服务、信息化支撑、开放共享的基层管理服务平台初步构建，边疆民族地区社会治理“昆明样板”基本成型。

5. 平安建设更加有效

进一步完善平安建设协调机制，以防范化解影响安全稳定的突出风险为重点，提高社会风险防范化解水平，以市域社会治理现代化、基层社会治理创新、平安创建为抓手，全面提升平安昆明建设科学化、社会化、法治化、智能化水平。建立健全社会心理服务体系，培育健康向上的社会心态，确保政治更安全、社会更安定、人民更安宁。

6. 社会环境更加文明

以社会主义核心价值观为引领，积极开展社会文明引导活动，让城乡居民享有更加丰富、更高品质的精神文明生活。发挥法治在社会建设中的保障作用，不断健全社会诚信和社会责任体系，凝聚社会正能量，筑牢社会建设的共同价值基础，营造崇德向善、健康有序、文明和谐、人民满意的社会环境，市民文明素质和社会文明程度持续提升。

（二）昆明社会治理现代化的量化目标

2021年3月，国家发布《中华人民共和国国民经济和社会发展第十四个五年规划和2035年远景目标纲要》，其中，设置了20个主要指标（见图1－1）。

专栏1 “十四五”时期经济社会发展主要指标

类别	指标	2020年	2025年	年均/累计	属性
经济发展	1.国内生产总值（GDP）增长（%）	2.3	—	保持在合理区间、各年度视情提出	预期性
	2.全员劳动生产率增长（%）	2.5	—	高于GDP增长	预期性
	3.常住人口城镇化率（%）	60.6*	65	—	预期性
创新驱动	4.全社会研发经费投入增长（%）	—	—	>7、力争投入强度高于“十三五”时期实际	预期性
	5.每万人口高价值发明专利拥有量（件）	6.3	12	—	预期性
	6.数字经济核心产业增加值占GDP比重（%）	7.8	10	—	预期性
民生福祉	7.居民人均可支配收入增长（%）	2.1	—	与GDP增长基本同步	预期性
	8.城镇调查失业率（%）	5.2	—	<5.5	预期性
	9.劳动年龄人口平均受教育年限（年）	10.8	11.3	—	约束性
	10.每千人口拥有执业（助理）医师数（人）	2.9	3.2	—	预期性
	11.基本养老保险参保率（%）	91	95	—	预期性
	12.每千人口拥有3岁以下婴幼儿托位数（个）	1.8	4.5	—	预期性
	13.人均预期寿命（岁）	77.3*	—	〔1〕	预期性
绿色生态	14.单位GDP能源消耗降低（%）	—	—	〔13.5〕	约束性
	15.单位GDP二氧化碳排放降低（%）	—	—	〔18〕	约束性
	16.地级及以上城市空气质量优良天数比率（%）	87	87.5	—	约束性
	17.地表水达到或好于Ⅲ类水体比例（%）	83.4	85	—	约束性
	18.森林覆盖率（%）	23.2*	24.1	—	约束性
安全保障	19.粮食综合生产能力（亿吨）	—	>6.5	—	约束性
	20.能源综合生产能力（亿吨标准煤）	—	>46	—	约束性

注：①〔〕内为5年累计数。②带*的为2019年数据。③能源综合生产能力指煤炭、石油、天然气、非化石能源生产能力之和。④2020年地级及以上城市空气质量优良天数比率和地表水达到或好于Ⅲ类水体比例指标值受新冠肺炎疫情等因素影响，明显高于正常年份。⑤2020年全员劳动生产率增长2.5%为预计数。

图1－1 “十四五”时期经济社会发展主要指标

资料来源：中华人民共和国中央人民政府网站。

45个昆明市社会治理现代化指数指标中，有以下5个可与全国水平相比较（见表1－1）。

表1－1　　**昆明与全国若干指标比较**

序号	指标	全国	昆明	备注
1	常住人口城镇化率（%）	60.6	77.97	2019年数据
2	居民人均可支配收入增长（%）	2.1	3.74	昆明为城镇居民
			8.33	昆明为农村居民
3	每千人口拥有执业（助理）医师数（人）	2.9	3.96	
4	人均预期寿命（岁）	77.3	79.41	2019年数据
5	地级及以上城市全年空气质量优良天数比例（%）	87	100	昆明该指标为“全年空气优良率”

其中，2019年昆明人均预期寿命为79.41岁，比同年全国人均预期寿命77.3岁高出2.11岁。

2020年昆明每千人口执业（助理）医师数为3.96人，比全国的2.9人高出1.06人，也比全国2025年目标3.2人高出0.76人。

昆明的空气质量优良率从2018年开始，均高于全国的98%，2020年由于新冠肺炎疫情等影响，全国地级及以上城市全年空气质量优良天数比例明显高于正常年份，昆明市的空气质量优良率达到了100%，不论是往年还是2020年，均比2020年全国的87%高，也高于全国2025年目标的87.5%。

生态环境以及生物多样性，是昆明的特色和优势。2015年1月，习近平总书记考察云南时强调，“要把生态环境保护放在更加突出的位置，像保护眼睛一样保护生态环境，像对待生命一样对待生态环境”。①2020年1月，习近平总书记再次来到云

① 《习近平新时代中国特色社会主义思想学习问答》，学习出版社、人民出版社2021年版，第350页。

南，在昆明的第一个考察点是滇池星海半岛生态湿地。在滇池畔，习近平总书记再次对云南和昆明的生态环境保护工作提出新要求，嘱托云南和昆明要持续抓好生态文明建设。

昆明市牢记习近平总书记的嘱托，以打赢污染防治攻坚战和全面落实污染防治十大措施为主线，以中央、省环保督查及其他各专项督查整改工作、生态文明建设、生态环境质量改善等工作为重点，在生态环境保护方面交出一份合格答卷。

数据显示，2019 年空气质量优良率为 98%，2020 年达到 100%，优级天数、优良率均是自 2013 年实施空气质量新标准以来的最好水平，高于全国的 87%；滇池全湖水质为Ⅳ类，阳宗海水质稳定保持Ⅲ类，25 个国考（省考）地表水断面水质达标率 100%，土壤环境保持稳定；全市共出台生态文明制度改革 128 项，创建国家生态文明建设示范市工作全面启动。

2021 年 10 月，《生物多样性公约》缔约方大会第十五次会议在昆明召开，为全世界生物多样性保护贡献“昆明方案”，大会之后仍发挥持续影响力，有效提升“美丽春城”“七彩云南”的区域生态环境竞争力，为早日实现“人与自然和谐共生”远景目标提供了重要的机遇。

“十四五”时期，昆明市按照习近平生态文明思想的指引和习近平总书记重要指示要求，认真谋划新时代昆明市生态环境保护工作，着力于推动经济绿色高质量发展、生态环境高水平保护、生态环境治理体系与治理能力现代化建设等战略任务。

第二章　昆明市域社会治理综合指数

昆明在贯彻落实党的十九届六中全会精神过程中，着眼于建设更高水平的平安中国，完善社会治理体系，健全党组织领导的自治、法治、德治相结合的城乡基层治理体系，推动社会治理重心向基层下移，建设共建共治共享的社会治理制度，建设人人有责、人人尽责、人人享有的社会治理共同体，不断提高昆明市域社会治理现代化水平。

一　昆明市社会治理综合指数得分及变动情况（2018—2020 年）

昆明市社会治理综合指数 2018 年得分为 80.76 分①，2019 年得分为 81.46 分，2020 年得分为 82.78 分，年度综合指数得分持续上升（见图 2－1）。

昆明市社会治理综合指数得分在 2018—2020 年呈稳步上升趋势。以 2018 年为基础进行比较，2019 年社会治理综合指数得分较 2018 年提升了 0.87%，2020 年社会治理综合指数得分较 2018 年提升了 2.50%（见图 2－2）。

---

① 本次指数计算出 2018 年、2019 年的得分与过去不同，原因在于本次的指标框架与过去有所差异。

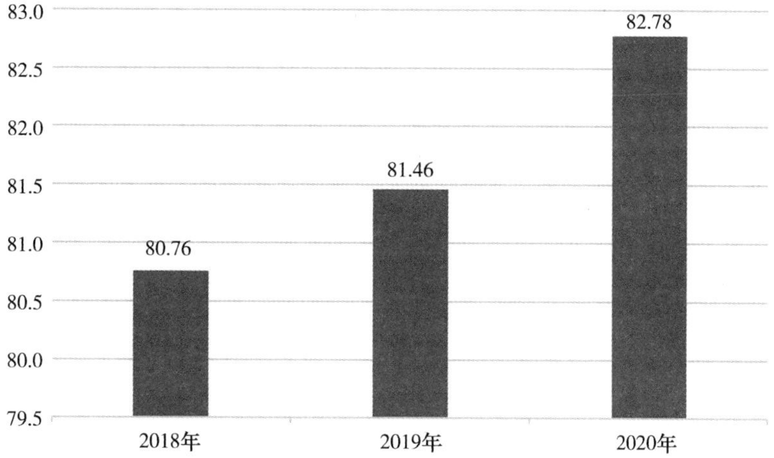

图 2－1　昆明市社会治理综合指数得分

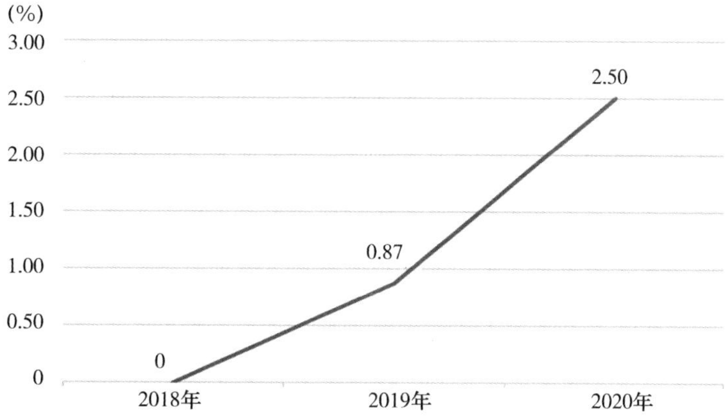

图 2－2　昆明市社会治理综合指数增长率

二　昆明市域“社会活力”分指数各指标变动情况分析（2018—2020 年）

昆明市“社会活力”分指数，主要通过 4 个层面 12 个指标来体现昆明市 2018—2020 年社会治理的生机活力。

第一个层面：1 个指标，即“人口平均预期寿命（岁）”。

这是一个城市、一个地区经济和社会发展水平的综合标志，人口平均预期寿命高，标志着该地区更具有可持续发展的活力，如 2018 年日本人均预期寿命已达到 84. 2 岁，这反映了日本作为发达国家较高的经济社会发展水平。

昆明市“人口平均预期寿命（岁）”在 2018—2020 年呈逐年小幅增长趋势。2018 年为 79. 01 岁，2019 年为 79. 41 岁，较 2018 年的 79. 01 岁增长了 0. 51%，2020 年为 80. 04 岁，较 2018 年增长 1. 30%（见图 2 - 3）。

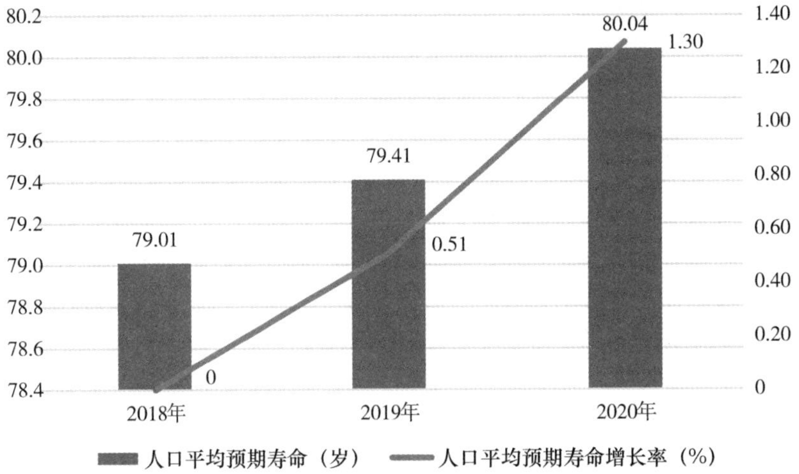

图 2 - 3　昆明人口平均预期寿命的增长

第二个层面：2 个指标，分别是“人均地区生产总值（万元）”“常住人口城镇化率（%）”，这两个指标是 2020 年新增指标，用以反映该地区的经济发展水平以及城市化水平。

1. **人均地区生产总值**

昆明市“人均地区生产总值（万元）”在 2018—2020 年呈逐年增长趋势。2018 年为 7. 5959 万元，2019 年为 7. 9554 万元，较 2018 年的 7. 5959 万元增长了 4. 73%，2020 年为 8. 0584 万元，较 2018 年增长 6. 09%（见图 2 - 4）。

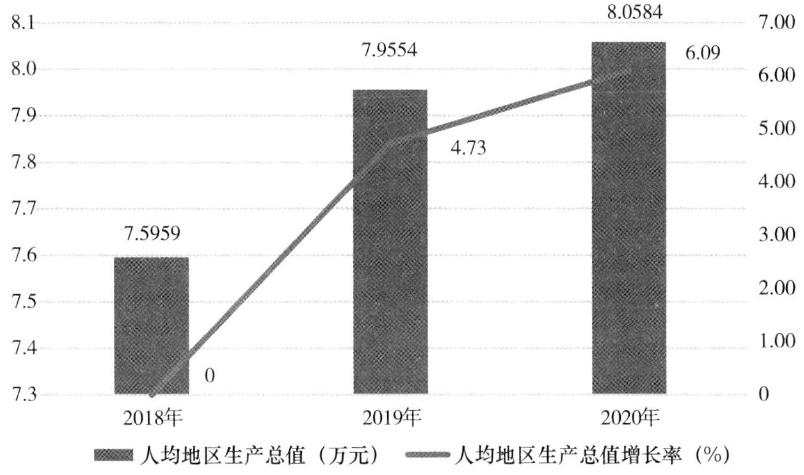

图 2－4　昆明人均地区生产总值的增长

2. 常住人口城镇化率

昆明市“常住人口城镇化率（%）”在 2018—2020 年呈现直线上升的趋势，2018 年为 76.36%，2019 年为 77.97%，相比上一年增长了 2.11%，2020 年为 79.67%，相比 2018 年增长了 4.33%（见图 2－5），比全国 2019 年的平均城市化率 60.6%，要高出 13%。

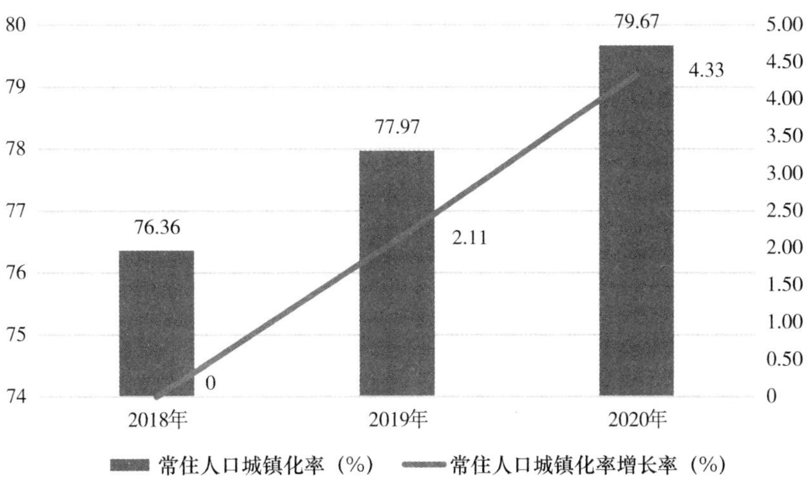

图 2－5　昆明常住人口城镇化率的增长

第三个层面：3 个指标，即“城镇登记失业率（%）”“城镇居民人均可支配收入（万元）”“农村居民人均可支配收入（万元）”。这 3 个指标反映一个城市、一个地区经济发展的活力，人民群众所能感受到的实惠、感受到的幸福。

1. **城镇登记失业率**

昆明市“城镇登记失业率（%）”在 2018—2020 年持续上升。2018 年为 3.09%，2019 年为 3.44%，比上一年增长 11.33%；2020 年为 4.22%，比 2018 年增长 36.57%（见图 2－6）。

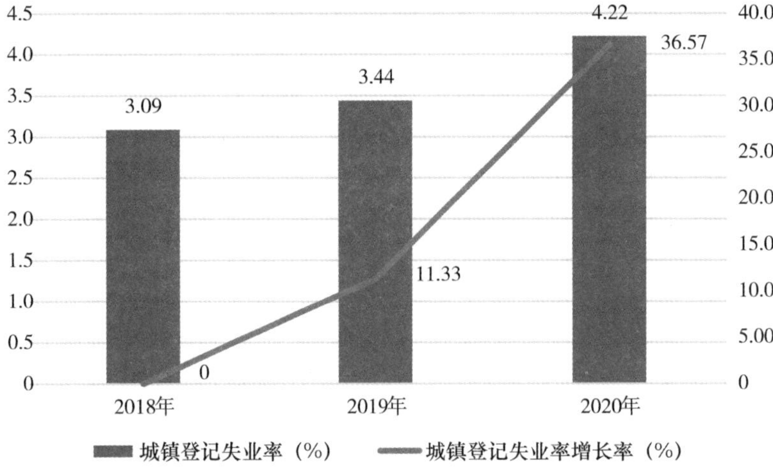

图 2－6　昆明城镇登记失业率的增长

2. **城镇居民人均可支配收入**

昆明市“城镇居民人均可支配收入（万元）”在 2018—2020 年呈逐年增长趋势。2018 年为 4.2988 万元，2019 年为 4.6289 万元，较 2018 年增长了 7.68%，2020 年为 4.8018 万元，较 2018 年增长了 11.70%（见图 2－7）。

3. **农村居民人均可支配收入**

昆明市“农村居民人均可支配收入（万元）”在 2018—2020 年呈逐年增长趋势。2018 年为 1.4895 万元，2019 年为

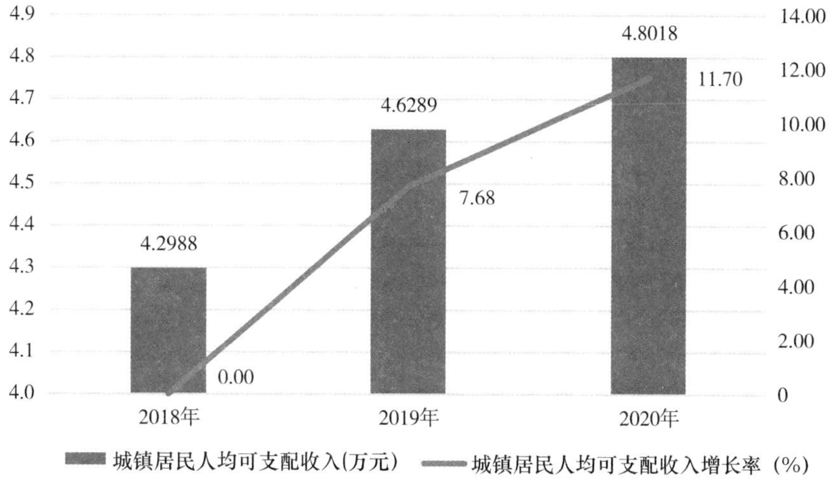

图 2－7　昆明城镇居民人均可支配收入的增长

1.6356 万元，较 2018 年增长了 9.81%，2020 年为 1.7719 万元，较 2018 年增长了 18.96%（见图 2－8）。

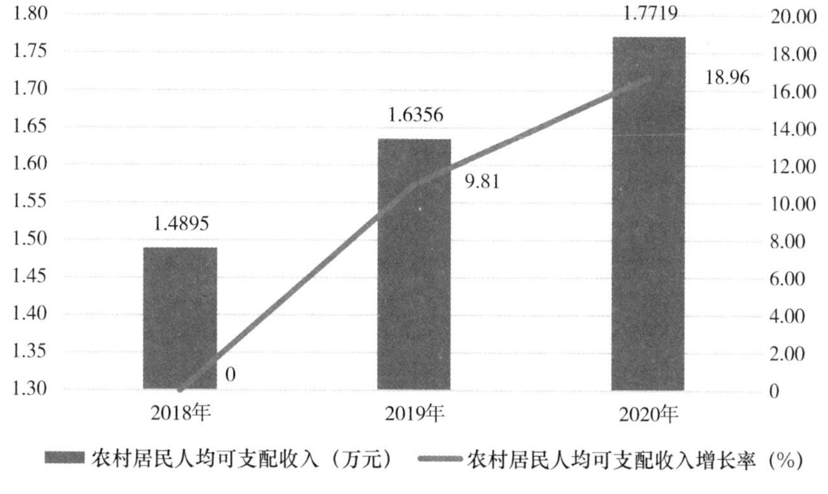

图 2－8　昆明农村居民人均可支配收入的增长

第四个层面：6 个指标，即“财政向社会组织购买服务金额占财政支出比重（%）”“每万人口拥有助理社工师及以上社会工作专业人才（人）”“每万人拥有社会组织数量（个）”“注册志愿者人数占本地常住人口数比例（%）”“有志愿服务时间记录的志愿者人数占注册志愿者总人数的比例（%）”“每十万人慈善捐款数（元）”。这是一个城市、一个地区的社会发育程度的重要反映。

1. 财政向社会组织购买服务金额占财政支出比重

昆明市“财政向社会组织购买服务金额占财政支出比重（%）”在 2018—2020 年持续上升。2018 年为 1.08%，2019 年为 1.22%，较 2018 年增长了 12.96%，2020 年为 2.18%，较 2018 年大幅增长 101.85%（见图 2－9）。

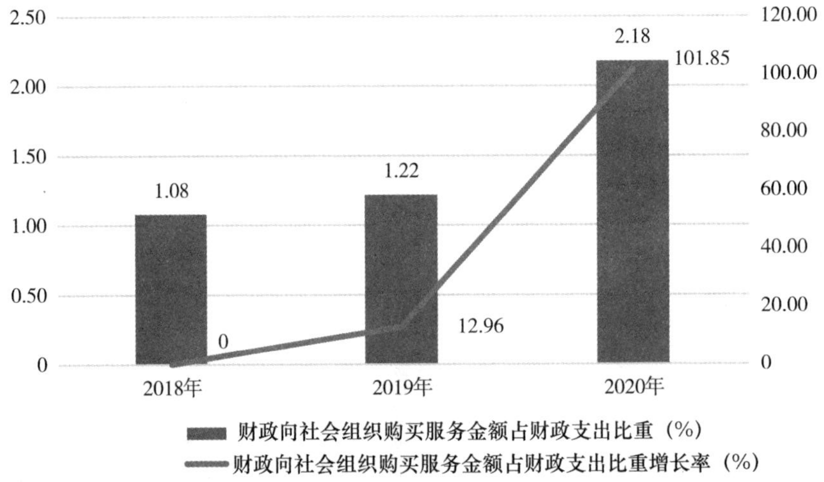

图 2－9 昆明财政向社会组织购买服务金额占财政支出比重的增长

2. 每万人口拥有助理社工师及以上社会工作专业人才

昆明市“每万人口拥有助理社工师及以上社会工作专业人才（人）”在 2018—2020 年呈逐年大幅增长趋势。2018 年为 1.76 人，2019 年为 3.30 人，较 2018 年大幅增长了 87.50%，2020 年为 4.60 人，较 2018 年大幅增长了 161.36%，逐年上升的趋势非常明显，由此可见，昆明市在社会工作专业人才的培训和招募方面做出了较大的努力（见图 2－10）。

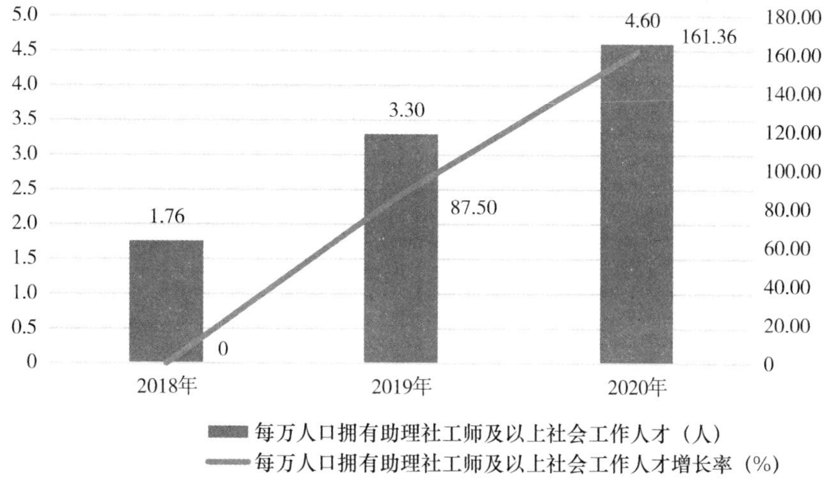

图 2－10　每万人口助理社工师及以上社会工作专业人才的增长

3. 每万人拥有社会组织数量

昆明市“每万人拥有社会组织数量（个）”在 2018—2020 年平稳增长，2018 年为 7.50 个，2019 年为 7.61 个，较 2018 年增长了 1.47%，2020 年为 7.92 个，较 2018 年增长 5.60%（见图 2－11）。

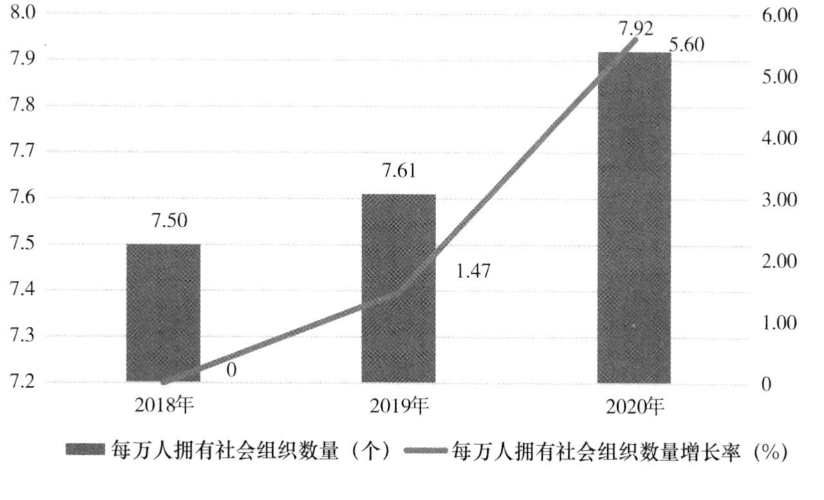

图 2－11　每万人拥有社会组织数量的增长

4. **注册志愿者人数占本地常住人口数比例**

昆明市“注册志愿者人数占本地常住人口数比例（%）”在2018—2020 年持续上升，2018 年为 14.18%，2019 年达到16.48%，较 2018 年增长了 16.22%，2020 年为 18.10%，较2018 年增长了 27.64%（见图 2-12）。

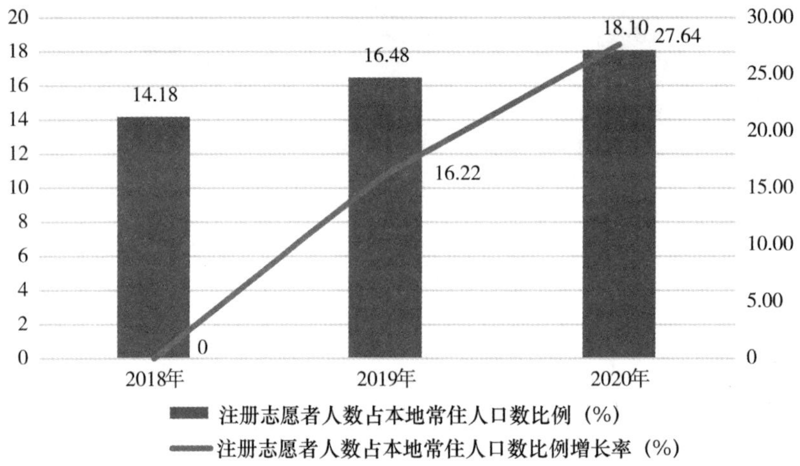

图 2-12 昆明注册志愿者人数占本地常住人口数比例的增长

5. **有志愿服务时间记录的志愿者人数占注册志愿者总人数的比例**

昆明市“有志愿服务时间记录的志愿者人数占注册志愿者总人数的比例（%）”在 2018—2020 年呈先上升后下降的趋势。2018 年为 67.20%，2019 年为 68.35%，较 2018 年增长了1.71%；2020 年为 67.70%，较 2018 年增长了 0.74%（见图 2-13）。

6. **每十万人慈善捐款数**

昆明市“每十万人慈善捐款数（元）”在 2018—2020 年呈现先下降后上升的趋势。2018 年为 24785.33 元，2019 年为10595.67 元，较 2018 年下降了 57.25%，2020 年为 12472.07元，较 2018 年下降了 49.68%（见图 2-14）。

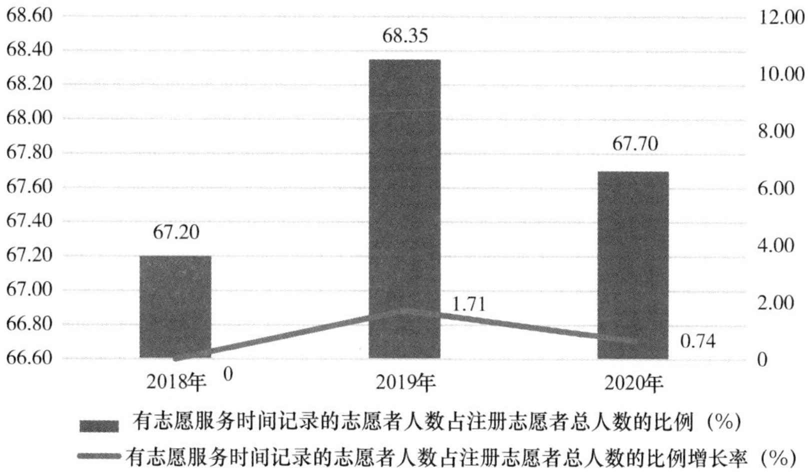

图 2－13　昆明有志愿服务时间记录的志愿者人数占注册志愿者总人数的比例的增长

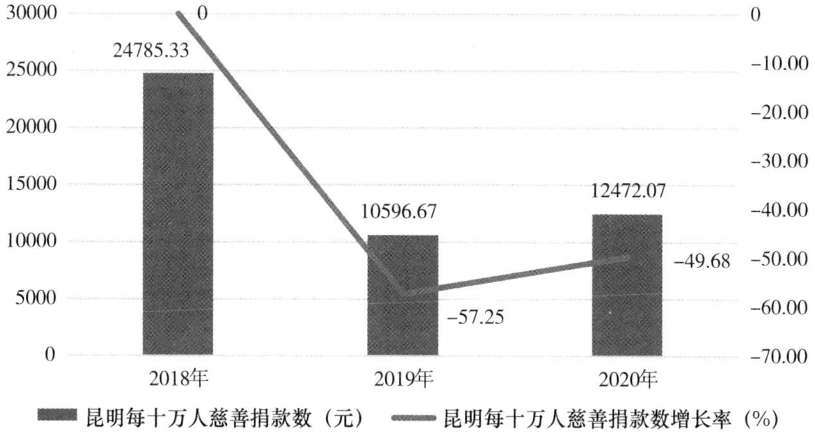

图 2－14　昆明每十万人慈善捐款数的增长

三　昆明市域“社会服务”分指数各指标变动情况分析（2018—2020 年）

昆明市域“社会服务”分指数主要通过 6 个层面 22 个指标来体现整个社会服务水平。

第一个层面：3 个指标，即“社会保障和就业支出占财政地方一般预算支出的比重（%）”“城乡社区支出占当年一般公共预算支出比重（%）”“保障性住房基本建成面积占房建竣工验收面积的比重（%）”，主要从财政支出方面，反映一座城市、一个地区的产业结构，以及对民生保障、社会服务、社会事业的关注程度，只有不断加大投入才能提高社会服务水平。

1. 社会保障和就业支出占财政地方一般预算支出的比重

昆明市“社会保障和就业支出占财政地方一般预算支出的比重（%）”在2018—2020 年呈现逐年下降的趋势。2018 年为13.00%，2019 年为12.86%，较2018 年下降了1.08%，2020年为12.00%，较2018 年下降了7.69%（见图2－15）。

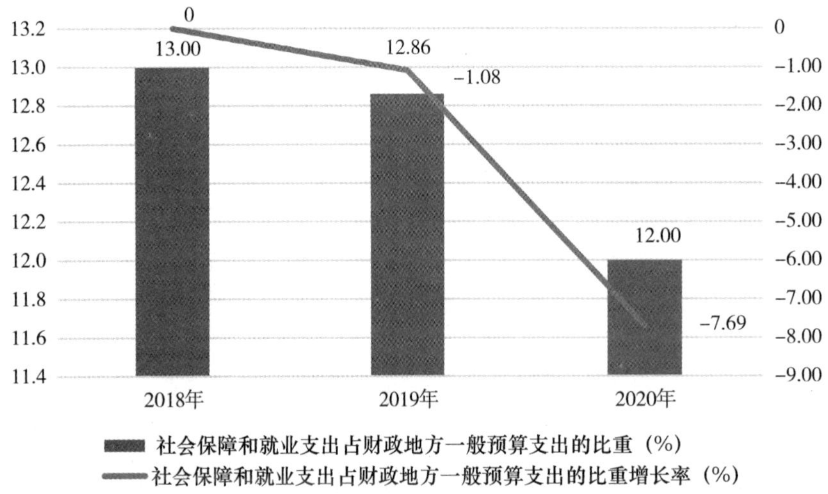

图2－15　昆明社会保障和就业支出占财政地方一般预算支出的比重的增长

2. 城乡社区支出占当年一般公共预算支出比重

昆明市“城乡社区支出占当年一般公共预算支出比重（%）”在2018—2020 年呈现先上升后下降的趋势。2018 年为14.30%，2019 年为15.58%，较2018 年增长8.95%；2020 年为12.87%，较2018 年下降了10.00%（见图2－16）。

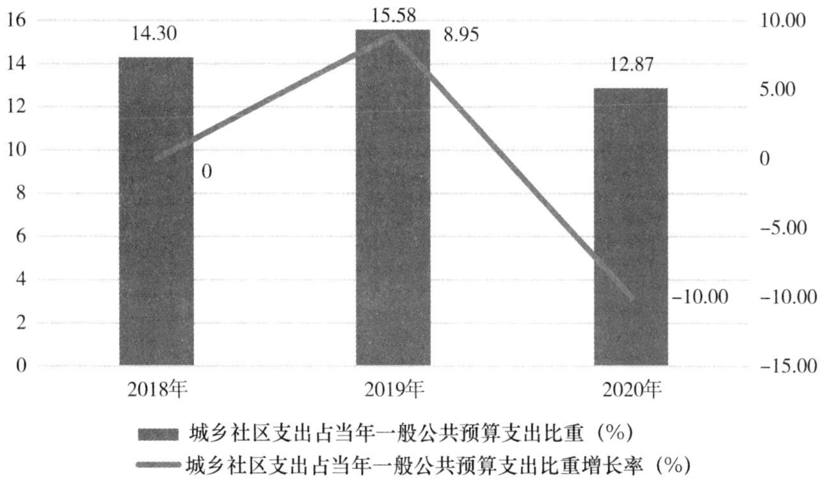

图2－16　城乡社区支出占当年一般公共预算支出比重的增长

3. **保障性住房基本建成面积占房建竣工验收面积的比重**

昆明市“保障性住房基本建成面积占房建竣工验收面积的比重（%）”在2018—2020年呈现逐年下降趋势。2018年为9.18%，2019年为5.79%，较2018年下降了36.93%；2020年为3.66%，较2018年下降了60.13%（见图2－17）。

第二个层面：4个指标，即“文化事业支出占财政支出比重（%）”“文化事业支出（万元）”“每万人拥有群众文化设施建筑面积（平方米）”“人均体育场地面积（平方米）”，主要反映城市的体育和文化事业发展的基本情况。

1. **文化事业支出占财政支出比重**

昆明市“文化事业支出占财政支出比重（%）”在2018—2020年呈现逐年上升趋势，2018年为1.06%，2019年为1.10%，较2018年增长3.77%，2020年为1.20%，较2018年增长13.21%，增幅比较明显（见图2－18）。

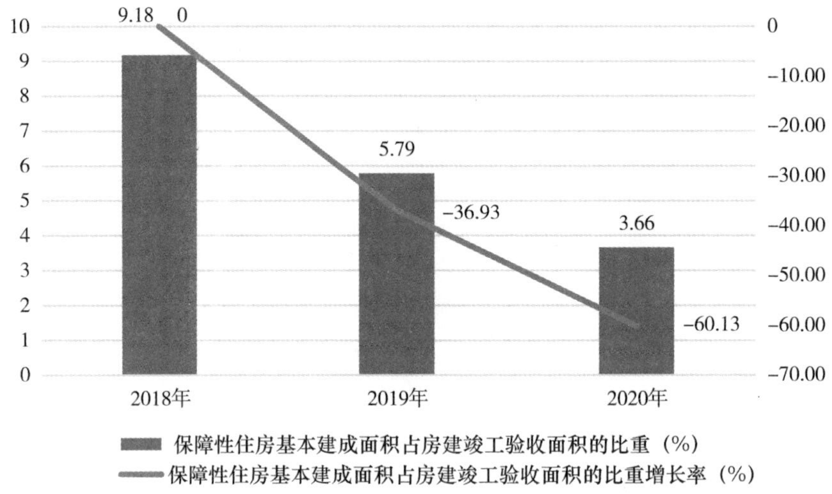

图 2-17 昆明保障性住房基本建成面积占房建竣工验收面积的比重的增长

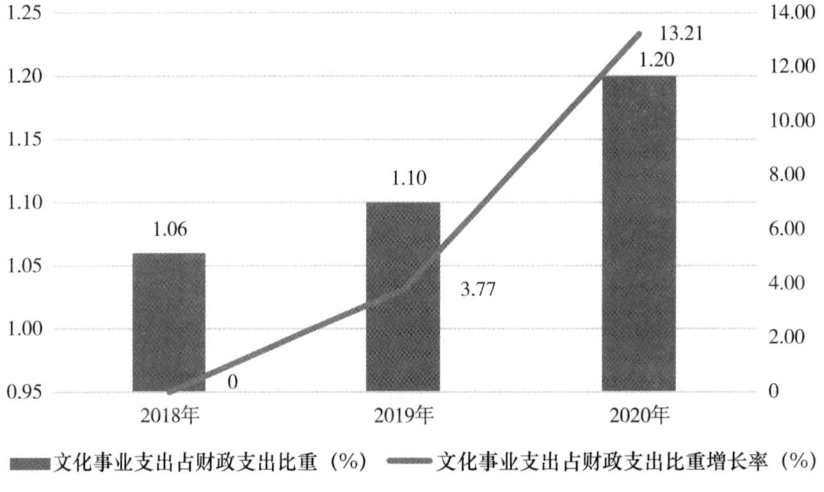

图 2-18 昆明文化事业支出占财政支出比重的增长

2. 文化事业支出

昆明市“文化事业支出（万元）”在 2018—2020 年呈逐年上升的趋势，2018 年为 80039 万元，2019 年为 90538 万元，较 2018 年增长 13.12%，2020 年为 104647 万元，较 2018 年增长 30.75%（见图 2-19）。

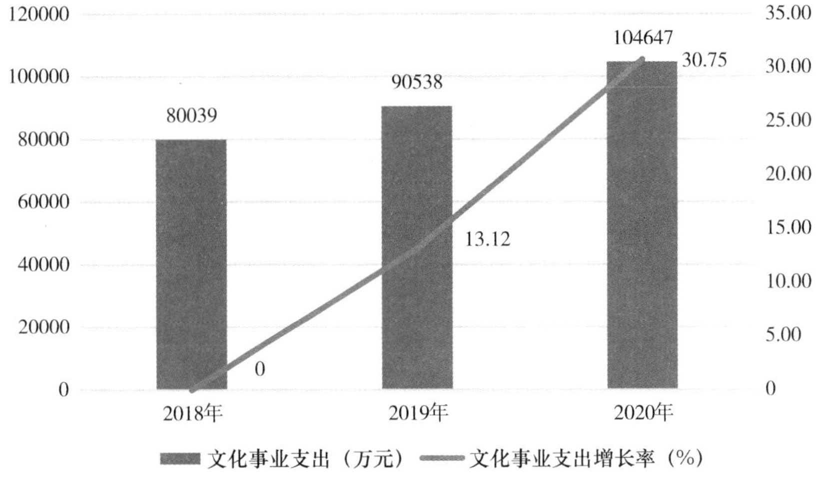

图 2－19　昆明文化事业支出的增长

3. 每万人拥有群众文化设施建筑面积

昆明市“每万人拥有群众文化设施建筑面积（平方米）”在 2018—2020 年呈下降趋势。2018 年为 3060. 41 平方米，2019 年为 3026. 08 平方米，较 2018 年下降了 1. 12%，2020 年为 2122. 55 平方米，较 2018 年下降了 30. 64%（图 2－20）。

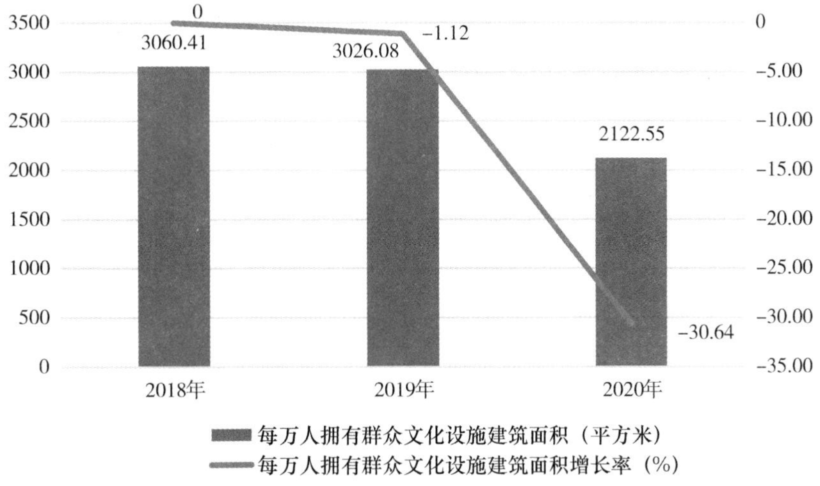

图 2－20　昆明每万人拥有群众文化设施建筑面积的增长

4. **人均体育场地面积**

昆明市“人均体育场地面积（平方米）”在 2018—2020 年呈先上升后持平趋势。2018 年为 2. 10 平方米，2019 年为 2. 23 平方米，增长幅度为 6. 19%，2020 年与 2019 年持平（见图 2 -21）。

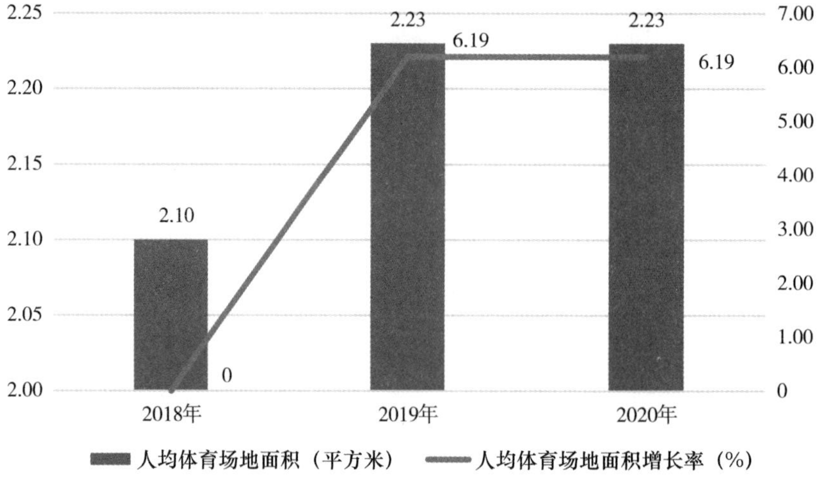

图 2 -21　昆明人均体育场地面积的增长

第三个层面：6 个指标，即“每千人口医疗卫生机构床位数（张）”“每千人拥有执业医师数（人）”“养老机构数（个）”“养老机构床位数（张）”“每千人配置全科医生人数（人）”“卫生健康支出（亿元）”，主要从健康层面，反映一个城市、一个地区社会健康的服务水平。

1. **每千人口医疗卫生机构床位数**

昆明市“每千人口医疗卫生机构床位数（张）”在 2018—2020 年呈逐年下降的趋势。2018 年为 9. 23 张，2019 年为 9. 22 张，较 2018 年下降了 0. 11%，2020 年为 7. 76 张，较 2018 年下降 15. 93%（见图 2 -22）。

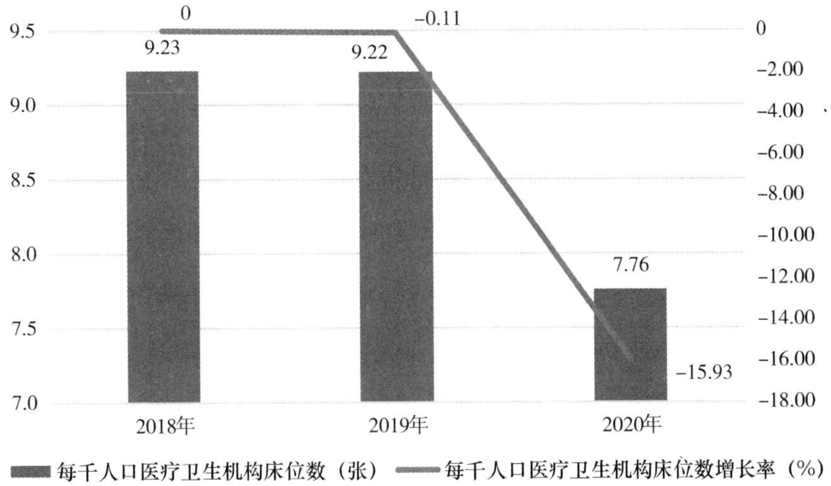

图 2－22　昆明每千人口医疗卫生机构床位数的增长

2. **每千人拥有执业医师数**

昆明市“每千人拥有执业医师数（人）”在 2018—2020 年呈先升后降趋势，2018 年为 4.17 人，2019 年为 4.57 人，较 2018 年增长了 9.59%；2020 年为 3.96 人，较 2018 年下降 5.04%（详见图 2－23）。

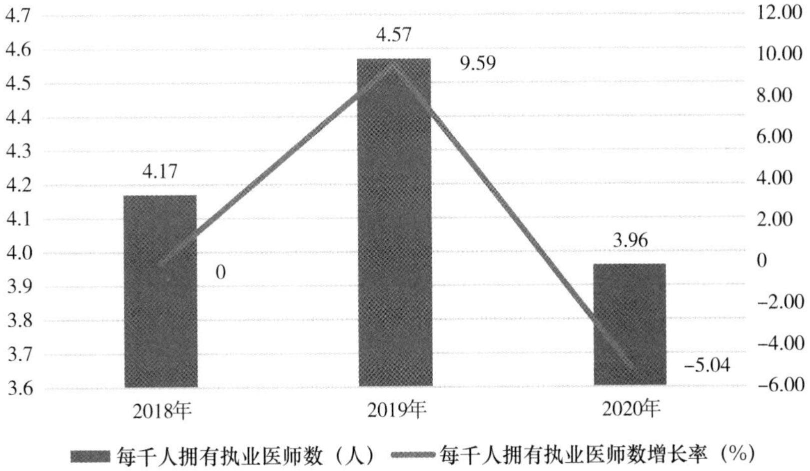

图 2－23　昆明每千人拥有执业医师数的增长

3. **养老机构数**

昆明市“养老机构数（个）”在 2018—2020 年基本保持不变。2018 年与 2019 年均为 111 个，2020 年为 114 个，较 2018 年与 2019 年增长了 2.7%（见图 2－24）。

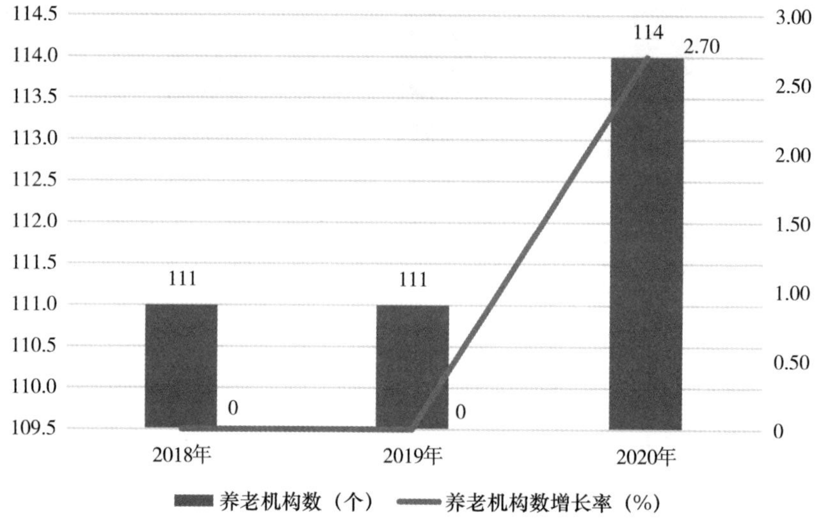

图 2－24　昆明养老机构数的增长

4. **养老机构床位数**

昆明市“养老机构床位数（张）”在 2018—2020 年呈现逐年上升的趋势。2018 年为 21424 张，2019 年为 21911 张，较 2018 年增长了 2.27%，2020 年为 22431 张，较 2018 年上升 4.70%（见图 2－25）。

5. **每千人配置全科医生人数**

昆明市“每千人配置全科医生人数（人）”在 2018—2020 年呈现先上升后下降的趋势。2018 年为 0.200 人，2019 年为 0.247 人，较 2018 年增长了 23.50%，2020 年为 0.21 人，较 2018 年增长了 5.00%（图 2－26）。

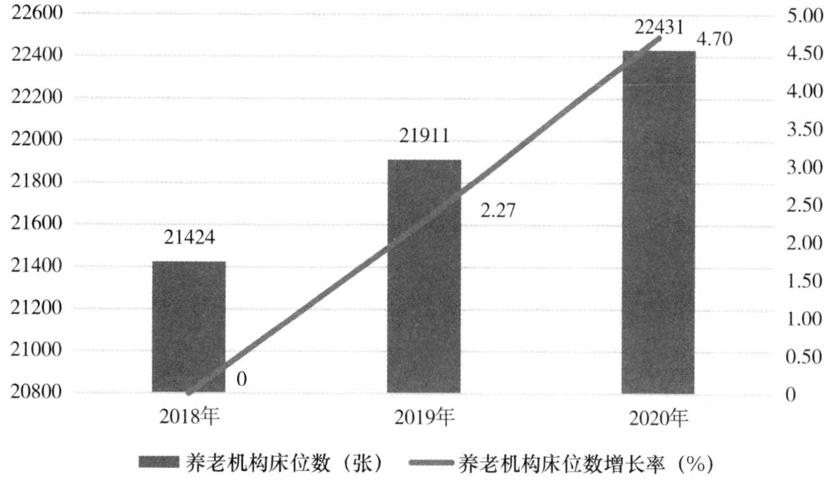

图 2－25　昆明养老机构床位数的增长

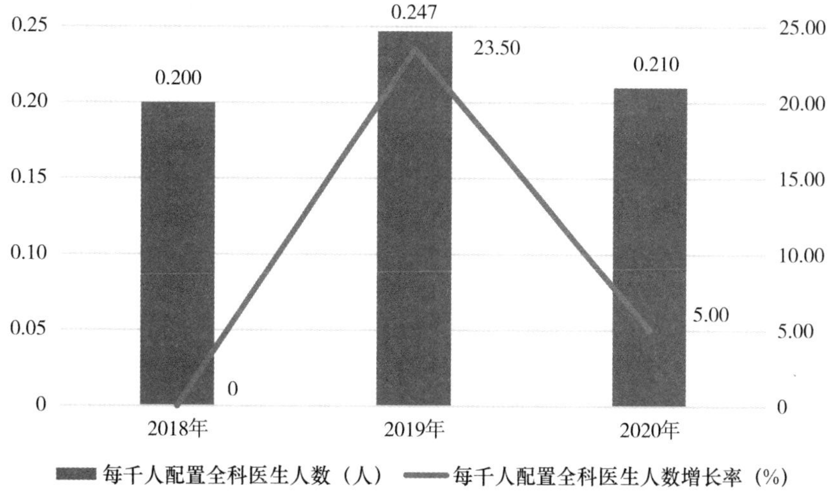

图 2－26　昆明每千人配置全科医生人数的增长

6. 卫生健康支出

昆明市“卫生健康支出（亿元）”在 2018—2020 年呈逐年增长趋势。2018 年为 62.47 亿元，2019 年为 68.46 亿元，较 2018 年增长了 9.59%，2020 年为 77.43 亿元，较 2018 年增长了 23.95%（见图 2－27）。

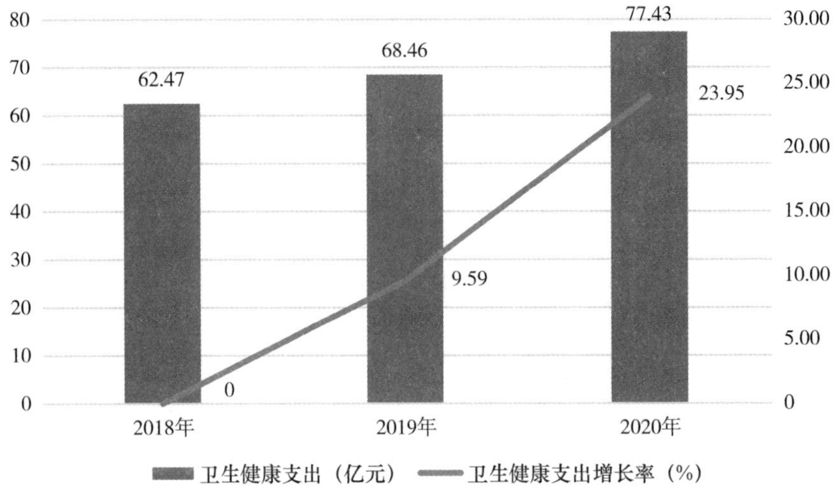

图 2－27　昆明卫生健康支出的增长

第四个层面：2 个指标，即“工会建会率（%）”“已成立业委会小区占符合成立条件小区比例（%）”，主要从社区服务企业服务层面，反映一个城市、一个地区基层的社会文化服务水平以及基层的民主自治管理水平。

1. **工会建会率**

昆明市“工会建会率（%）”在 2018—2020 年呈先降后升趋势。2018 年为 98.95%，2019 年为 91.87%，较 2018 年下降了 7.16%，2020 年为 93.52%，较 2018 年下降了 5.49%（见图 2－28）。

2. **已成立业委会小区占符合成立条件小区比例**

昆明市“已成立业委会小区占符合成立条件小区比例（%）”在 2018—2020 年呈先升后降趋势。2018 年为 14.47%，2019 年为 17.11%，较 2018 年增长了 18.24%，2020 年为 9.76%，较 2018 年下降了 32.55%（见图 2－29）。

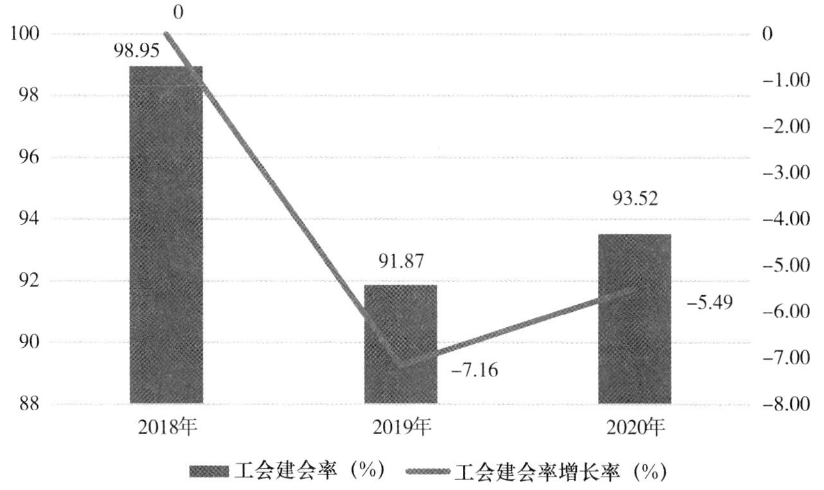

图 2－28　昆明工会建会率的增长

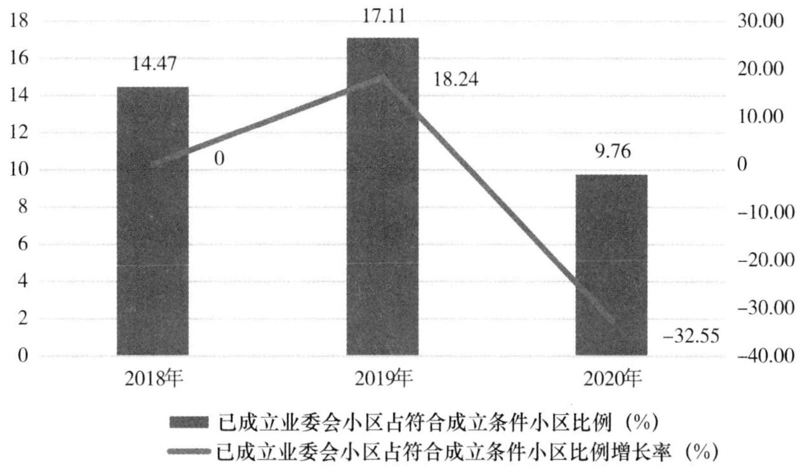

图 2－29　昆明已成立业委会小区占符合成立条件小区比例的增长

第五个层面：3 个指标，即“教育经费支出（亿元）”“生均义务教育公用经费支出（元）”“高级技能人才占技能劳动者比重（%）”，主要从教育的投入层面，反映一个城市、一个地区社会教育事业的发展水平，同时从高级技能人才占技能劳动者的比重反映一个城市、一个地区社会人才的合理结构及其对该地区产业发展的贡献度。

1. **教育经费支出**

昆明市“教育经费支出（亿元）”在 2018—2020 年呈逐年增长趋势。2018 年为 130. 05 亿元，2019 年为 135. 69 亿元，较 2018 年增长了 4. 34%，2020 年为 143. 39 亿元，较 2018 年增长了 10. 26%（见图 2 - 30）。

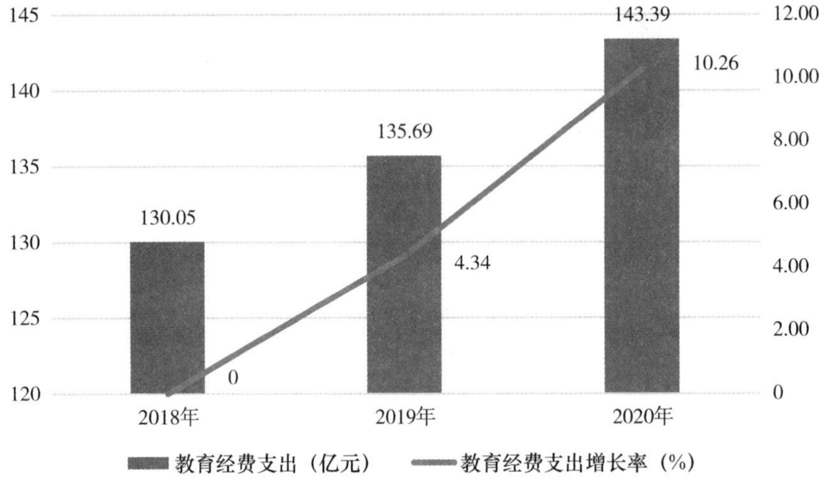

图 2 - 30　昆明教育经费支出的增长

2. **生均义务教育公用经费支出**

昆明市“生均义务教育公用经费支出（元）”，在 2018—2020 年呈先上升后下降的趋势。2018 年为 2834. 41 元，2019 年为 3757. 88 元，较 2018 年增长了 32. 58%，2020 年为 3572. 63 元，较 2018 年增长了 26. 04%（图 2 - 31）。

3. **高级技能人才占技能劳动者比重**

昆明市“高级技能人才占技能劳动者比重（%）”在 2018—2020 年呈上升的趋势。2018 年和 2019 年均为 19. 42%，2020 年为 32. 05%，较 2018 年大幅增长了 65. 04%（见图 2 - 32）。

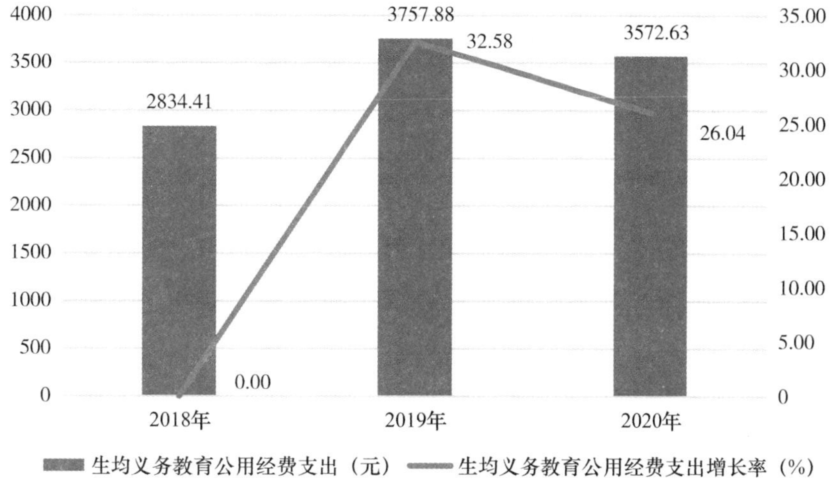

图 2－31　昆明生均义务教育公用经费支出的增长

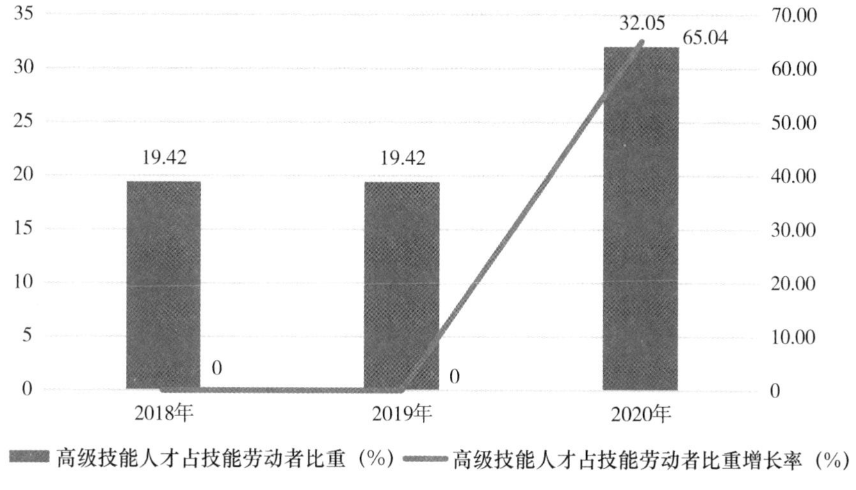

图 2－32　昆明高级技能人才占技能劳动者比重的增长

第六个层面：4 个指标，即“实有人口万人报警类 110 警情数（起）”“法律援助案件受理数（件）”“‘12345’市民服务热线办结率（%）”“公共交通机动化出行分担率（%）”。一是反映一个城市、一个地区社会信息化的水平；二是反映整个社会的安全程度；三是反映社会法律援助的力度和成效。

1. **实有人口万人报警类 110 警情数**

昆明市“实有人口万人报警类 110 警情数（起）”在2018—2020 年呈先上升后下降的状态。2018 年为 1981.02 起，2019 年为 2058.31 起，较 2018 年增长了 3.90%，2020 年为 1839.24 起，较 2018 年下降了 7.16%（见图 2－33）。

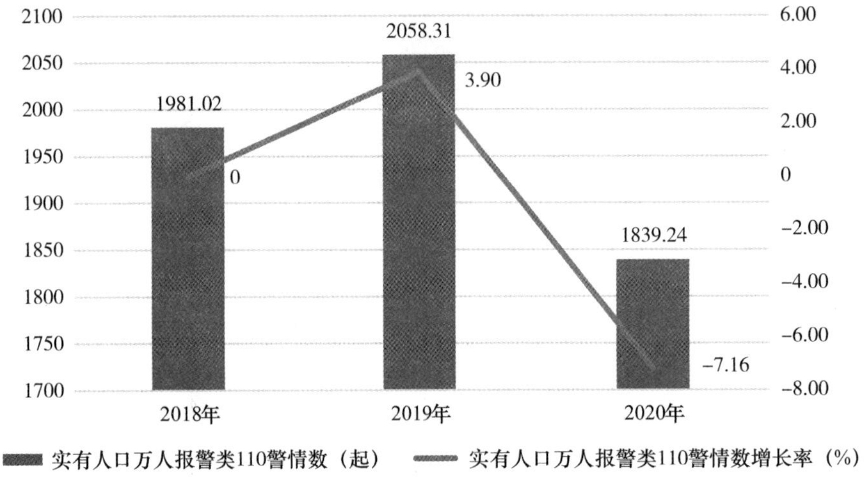

图 2－33　昆明实有人口万人报警类 110 警情数的增长

2. **法律援助案件受理数**

昆明市“法律援助案件受理数（件）”在 2018—2020 年呈逐年上升趋势。2018 年为 5952 件，2019 年为 14286 件，较 2018 年大幅增长了 140.02%，2020 年为 15169 件，较 2018 年大幅增加了 154.86%（详见 2－34）。

3. **“12345”市民服务热线办结率**

昆明市“‘12345’市民服务热线办结率（%）”在 2018—2020 年无明显变化，2018 年为 99.00%，2019 年为 99.98%，较 2018 年增长了 0.99%，2020 年为 99.99%，较 2018 年增长了 1.00%（见图 2－35）。

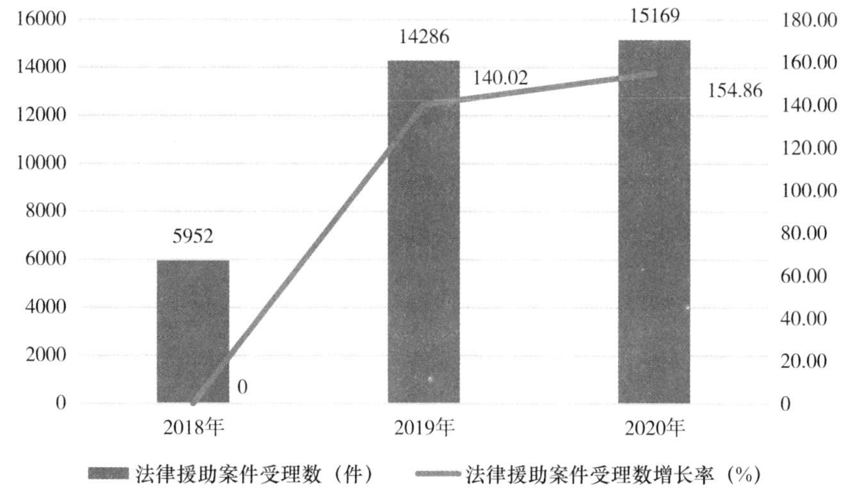

图 2－34　昆明法律援助案件受理数的增长

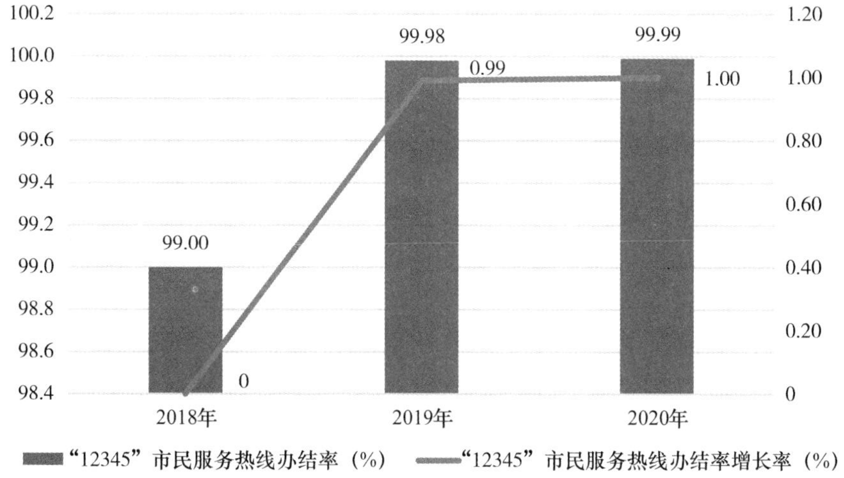

图 2－35　"12345" 市民服务热线办结率的增长

4. **公共交通机动化出行分担率**

昆明市"公共交通机动化出行分担率（%）"在 2018—2020 年呈逐年上升的趋势。2018 年为 57.6%，2019 年为 57.8%，较 2018 年增长了 0.35%，2020 年为 60.0%，较 2018 年相比增长了 4.17%（见图 2－36）。

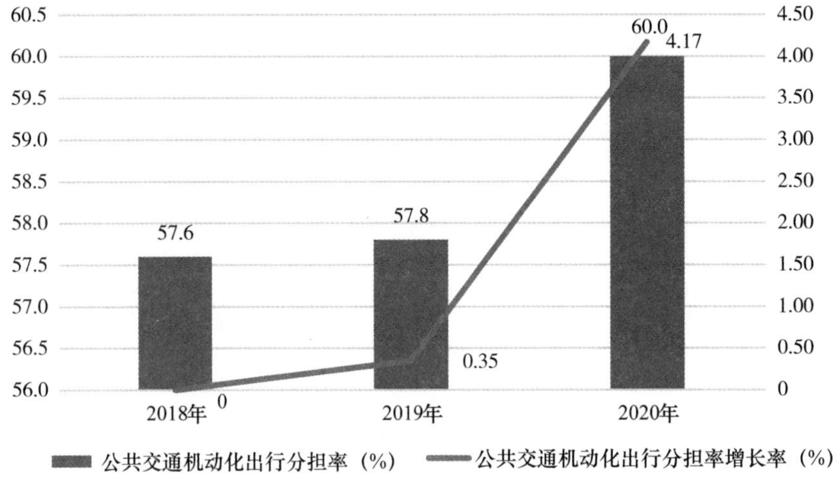

图 2－36 昆明城市公共交通分担率的增长

四 昆明市域“社会环境”分指数各指标变动情况分析（2018—2020 年）

昆明市域“社会环境”分指数主要通过 2 个层面 11 个指标来体现整个社会环境的环境保护、安全稳定程度。

第一个层面：5 个指标，即“节能环保支出（亿元）”“城镇污水集中处理率（%）”“生活垃圾无害化处理率（%）”“全年空气优良率（%）”“城市声环境功能区夜间监测总点次达标率（%）”，主要从对环境保护、绿色节能方面的投入以及成效方面反映一个城市、一个地区良好的社会环境。

1. **节能环保支出**

昆明市“节能环保支出（亿元）”在 2018—2020 年呈先大幅上升再下降的变化趋势。2018 年为 25.39 亿元，2019 年为 41.14 亿元，较 2018 年增长了 62.03%，2020 年为 29.69 亿元，较 2018 年增长了 16.94%（见图 2－37）。

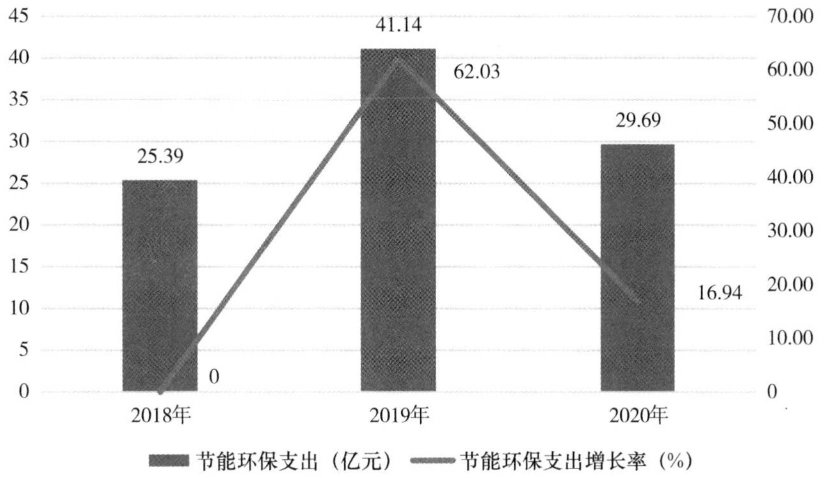

图 2－37 昆明节能环保支出的增长

2. **城镇污水集中处理率**

昆明市“城镇污水集中处理率（%）”，在 2018—2020 年呈现逐年递增的趋势。2018 年为95. 06%，2019 年为95. 18%，较 2018 年增长了 0. 13%，2020 年为 96. 83%，较 2018 年增长了 1. 86%（见图 2－38）。

3. **生活垃圾无害化处理率**

昆明市“生活垃圾无害化处理率（%）”在 2018—2020 年保持不变，均为 100%。

4. **全年空气优良率**

昆明市“全年空气优良率（%）”在 2018—2020 年呈先下降后上升的变化趋势，但变化幅度非常小。2018 年全年空气优良率为 98. 9%，2019 年为 98. 0%，与 2018 年相比下降了 0. 91%，2020 年为 100. 0%，与 2018 年相比增长了 1. 11%（见图 2－39）。

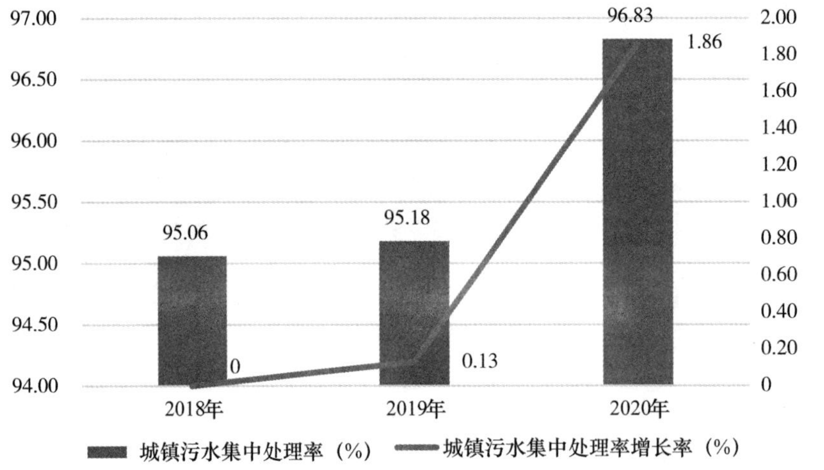

图 2－38　昆明城镇污水集中处理率的增长

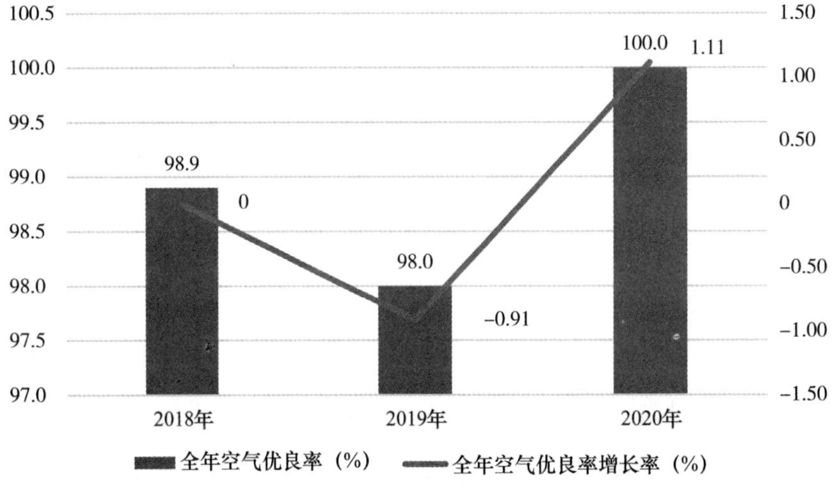

图 2－39　昆明全年空气优良率

5. 城市声环境功能区夜间监测总点次达标率

昆明市“城市声环境功能区夜间监测总点次达标率（%）”在 2018—2020 年呈现逐年上升的趋势，2018 年为 62. 5%，2019 年为 66. 8%，与 2018 年相比增长了 6. 88%；2020 年为 88. 7%，与 2018 年相比增长了 41. 92%（见图 2－40）。

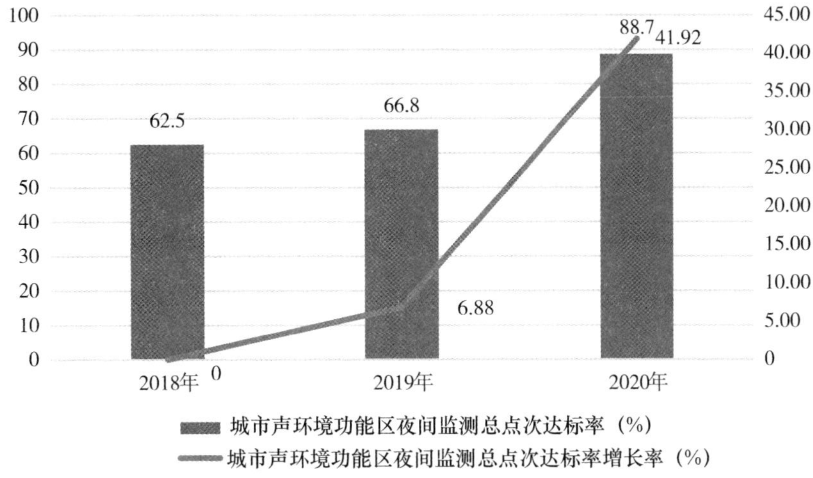

图 2－40　昆明城市声环境功能区夜间监测总点次标率的增长

第二个层面：6 个指标，即“亿元国内生产总值生产安全事故死亡率（%）”“食品抽检合格率（%）”“群众安全感满意度（%）”“民间纠纷调解成功率（%）”“一般程序交通事故（起）”“新增重复信访率（%）”，主要从生产安全、食品安全、出行安全以及人民群众满意度、社会稳定方面反映一个城市、一个地区的社会环境治理成效。

1. 亿元国内生产总值生产安全事故死亡率

昆明市“亿元国内生产总值生产安全事故死亡率（%）”在 2018—2020 年呈逐年下降趋势。2018 年为 0.080%，2019 年为 0.040%，较 2018 年下降了 50.00%；2020 年为 0.038%，较 2018 年下降了 52.50%（见图 2－41）。

2. 食品抽检合格率

昆明市“食品抽检合格率（%）”在 2018—2020 年呈现逐年上升趋势，总体三年间差距比较小。2018 年为 97.70%，2019 年为 98.22%，增长了 0.53%，2020 年为 98.48%，较 2018 年稳步上升了 0.80%（见图 2－42）。

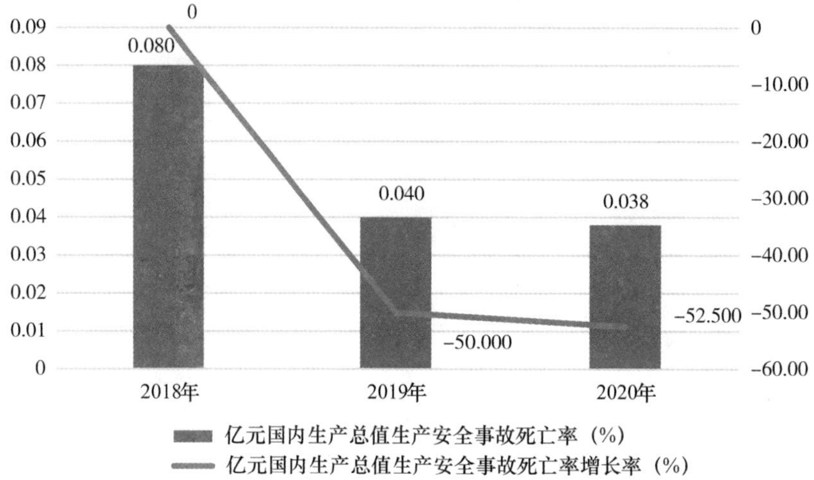

图 2－41　昆明亿元国内生产总值生产安全事故死亡率的增长

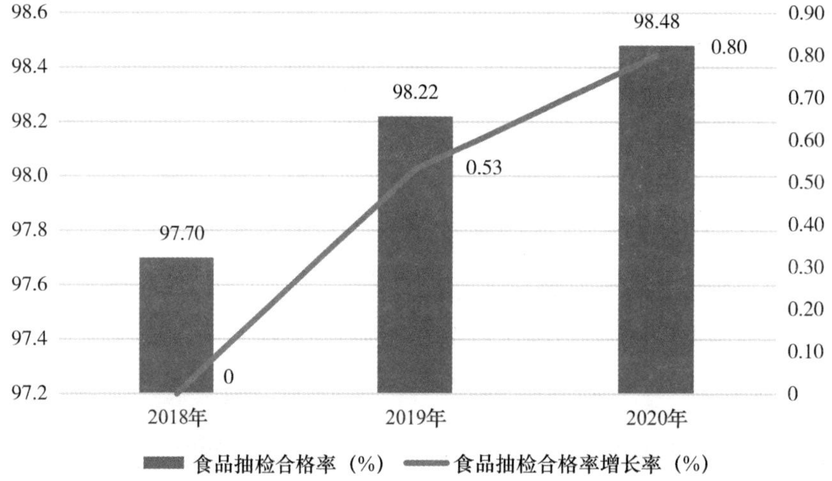

图 2－42　昆明食品抽检合格率的增长

3. 群众安全感满意度

昆明市“群众安全感满意度（%）”在 2018—2020 年呈逐年上升趋势，2019 年和 2020 年之间差距较小，但均高于 2018 年。2018 年为 91.62%，2019 年为 94.09%，增长了 2.70%，2020 年为 94.95%，较 2018 年增长了 3.63%（见图 2－43）。

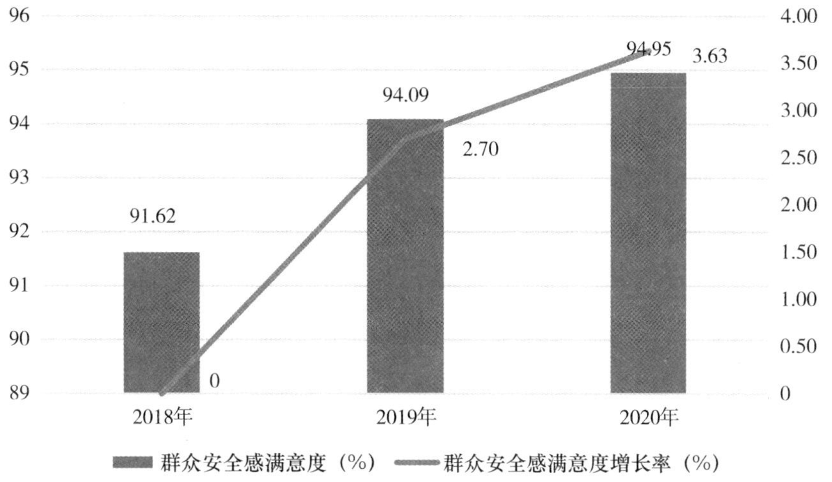

图 2-43　昆明群众安全感满意度的增长

4. **民间纠纷调解成功率**

昆明市“民间纠纷调解成功率（%）”在 2018—2020 年呈先降后升趋势，但总体来看变化的幅度细微。2018 年为 99.51%，2019 年为 99.37%，较 2018 年小幅下降 0.14%，2020 年为 99.55%，较 2018 年增长 0.04%（见图 2-44）。

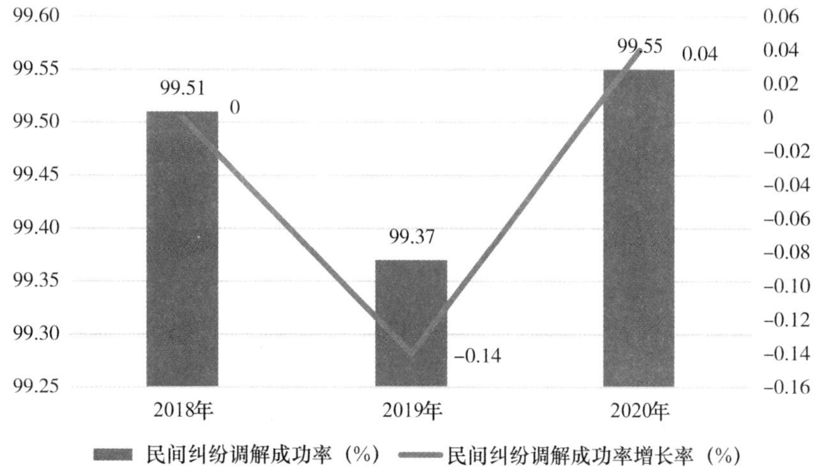

图 2-44　昆明民间纠纷调解成功率的增长

5. 一般程序交通事故

昆明市“一般程序交通事故（起）”在 2018—2020 年呈现逐年下降的趋势。2018 年为 1675 起，2019 年为 1641 起，较 2018 年下降了 2.03%。2020 年为 1319 起，较 2018 年下降了 21.25%（见图 2－45）。

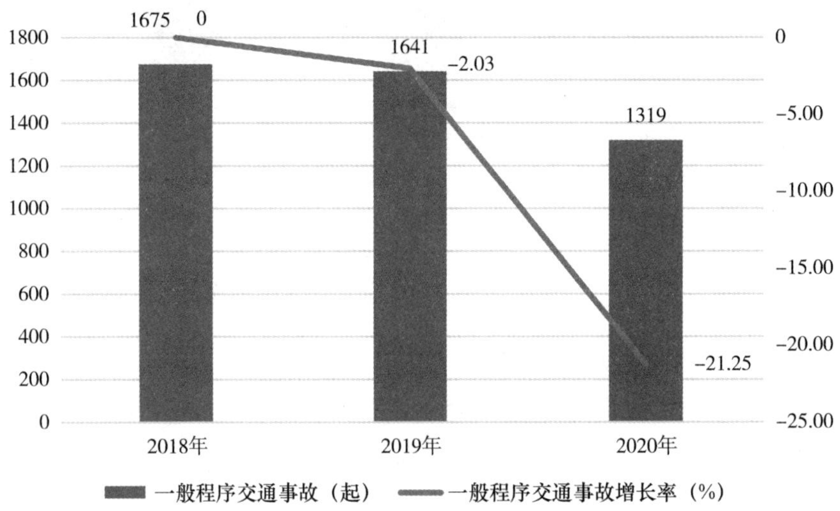

图 2－45 昆明一般程序交通事故的增长

6. 新增重复信访率

昆明市“新增重复信访率（%）”在 2018—2020 年呈逐年下降趋势。2018 年为 22.00%，2019 年为－0.76%，较 2018 年大幅下降了 103.45%，2020 年为－33.00%，较 2018 年大幅下降了 250.00%（见图 2－46）。这一指标数据的下降，也从一个侧面反映了社会的和谐，反映了昆明在探索推广“最多访一次”，让群众少跑腿，让数据多跑路，以最快速度及时回应诉求，努力实现一次性化解矛盾的成效。

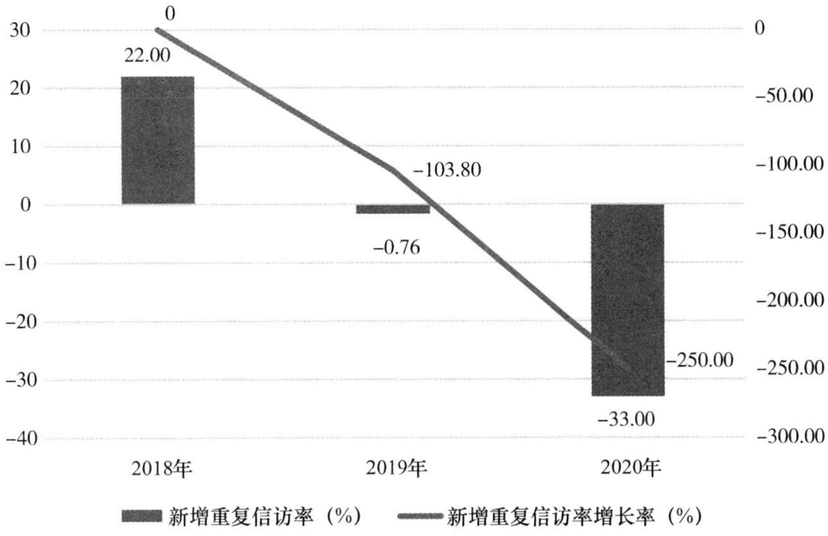

图 2－46　昆明新增重复信访率的增长

第三章　昆明市域社会治理分指数分析

昆明市域社会治理综合指数下设"社会活力""社会服务""社会环境"三大分指数。在分析昆明市域社会治理综合指数之后，本章进一步分析三大分指数，并对45个指标中的部分核心指标，作一些深入比较分析，从中可窥见昆明市域社会治理现代化的水平。

一　昆明"社会活力"指数分析

（一）昆明"社会活力"指数得分

昆明市域"社会活力"指数得分2018年为80.23分；2019年为81.94分；2020年为85.53分（详见图3-1）。

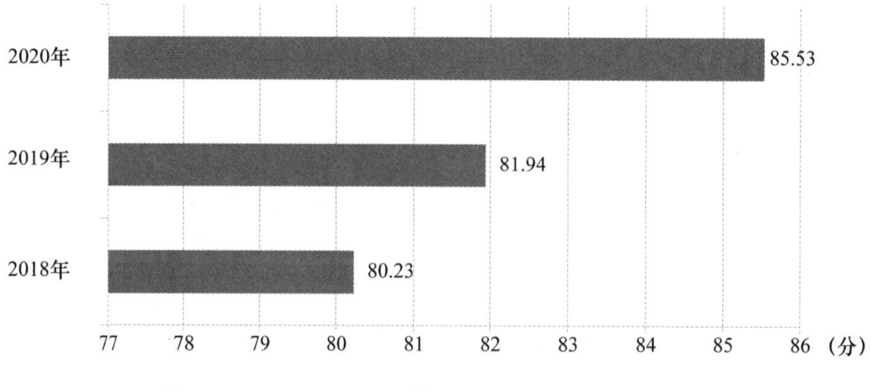

图3-1　2018—2020年昆明市"社会活力"指数得分

（二）昆明“社会活力”进步指数

2019 年，昆明市“社会活力”指数相较于 2018 年，进步了 2.13%；2020 年，昆明市“社会活力”指数相较于 2018 年，进步了 6.61%（见图 3－2）。

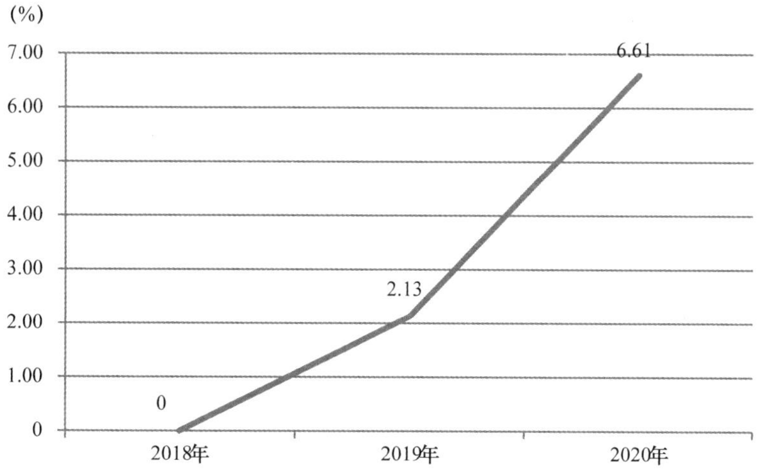

图 3－2　2018—2020 年昆明市“社会活力”进步指数

（三）昆明“社会活力”指数的若干核心指标分析

1. 人均地区总产值（GDP）

人均国内生产总值是人们了解和把握一个国家或地区的宏观经济运行状况的有效工具，即“人均 GDP”，常作为发展经济学中衡量经济发展状况的指标，是最重要的宏观经济指标之一。

（1）昆明与全国的比较

2018—2020 年，人均国内生产总值分别为 65534 元、70328 元、72000 元；昆明的人均地区生产总值分别为 75959 元、79554 元、80584 元。2018—2020 年昆明的人均地区生产总值比人均国内生产总值分别高出 10425 元、9226 元、8584 元（见图 3－3）。昆明的人均地区生产总值 2019 年比 2018 年高 3595 元，2020 年比 2018 年高 4625 元，年均增长率为 3.2%。

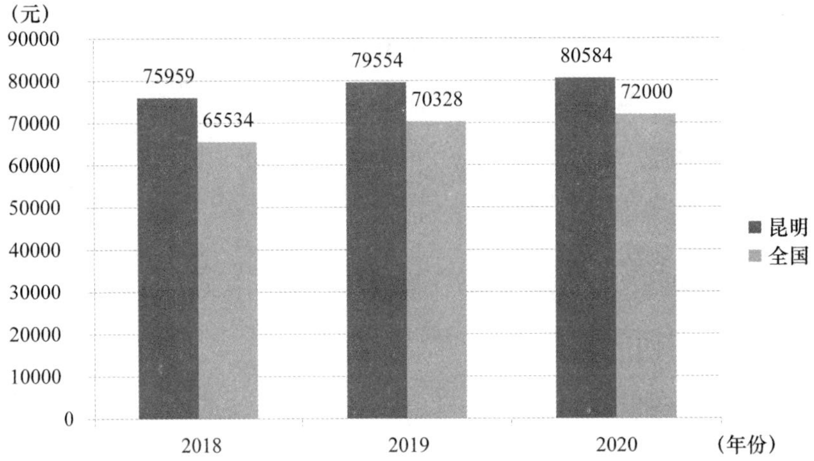

图 3－3　2018—2020 年昆明与全国人均国内（地区）生产总值的比较

（2）昆明与 27 个省会城市的比较

昆明市 2019 年人均地区生产总值为 79554 元，27 个省会城市的平均值为 98137.44 元，昆明市较 27 个省会城市平均值低了 18583.44 元，在 27 个省会城市中排名第 19（见图 3－4）。

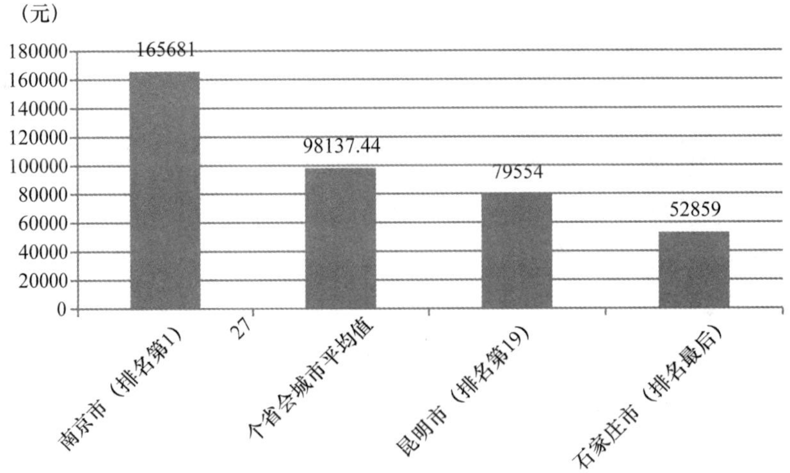

图 3－4　2019 年昆明与 27 个省会城市人均地区生产总值比较

昆明市 2020 年人均地区生产总值为 80584 元，27 个省会城市的平均值为 88620. 15 元，昆明市较 27 个省会城市平均值低了 8036. 15 元，在 27 个省会城市中排名第 14（见图 3 –5）。

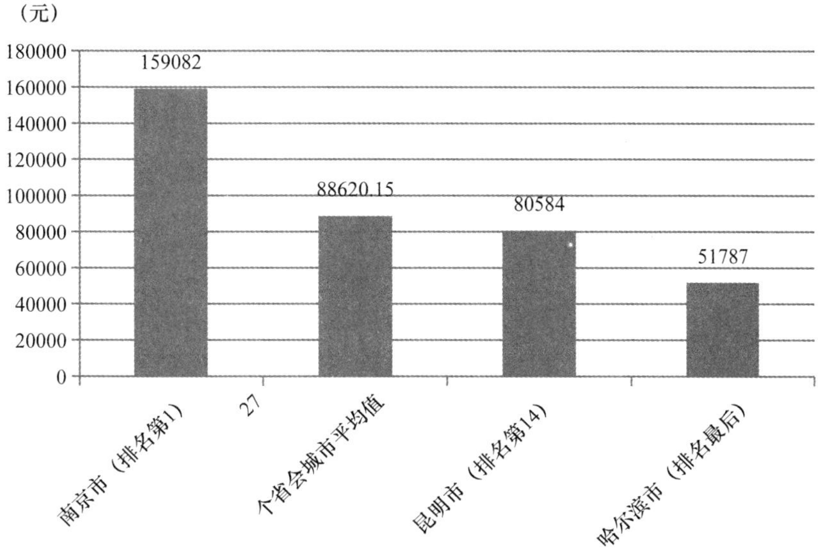

图 3 –5　2020 年昆明与 27 个省会城市人均地区生产总值比较

从 2019—2020 年数据可见，昆明市目前的人均地区生产总值虽然仍然低于 27 个省会城市的平均水平，但是在受新冠肺炎疫情影响的当下，昆明市仍能保持人均地区生产总值上升的势头，并且逐步缩小了与 27 个省会城市之间的差距。

（3）昆明与重庆、成都、贵阳、南宁比较

昆明市 2020 年地区生产总值为 80584 元，低于成都，但高于重庆、贵阳、南宁。较成都低 4032 元，较重庆、贵阳、南宁分别高出 2582 元、8567 元、26517 元（见图 3 –6）。

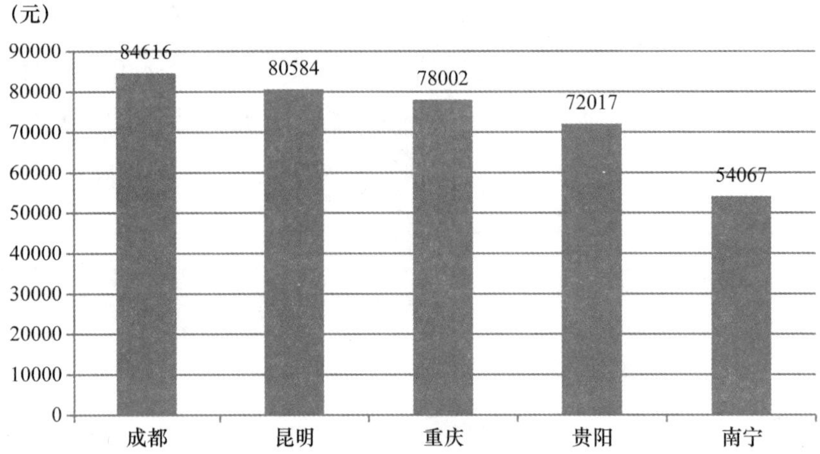

图 3－6 2020 年昆明与重庆、成都、贵阳、南宁人均地区生产总值比较

2. **常住人口城镇化率**

根据《国家新型城镇化规划（2014—2020 年）》设定的目标，到 2020 年，中国常住人口城镇化率达到 63.89% 左右，户籍人口城镇化率达到 45% 左右，户籍人口城镇化率与常住人口城镇化率差距缩小 2 个百分点左右，努力实现 1 亿左右农业转移人口和其他常住人口在城镇落户。

如前所述，昆明市“常住人口城镇化率（%）”在 2018—2020 年呈现直线上升的趋势。这里进一步与全国的城镇化率做一个比较（见图 3－7）。

《中华人民共和国 2018 年国民经济和社会发展统计公报》显示，2018 年年末全国总人口 139538 万人①，比上年年末增加 530 万人，其中城镇常住人口 83137 万人，常住人口平均城镇化率为 59.58%，比上年年末提高 1.06 个百分点。昆明市 2018 年城市常住人口城镇化率为 76.36%，比全国高出 16.78 个百分点。这说明昆明的城镇化率已达到了较高的水平。

国家统计局公布的数据显示，2019 年年末全国常住人口城

① 不含港澳台地区。

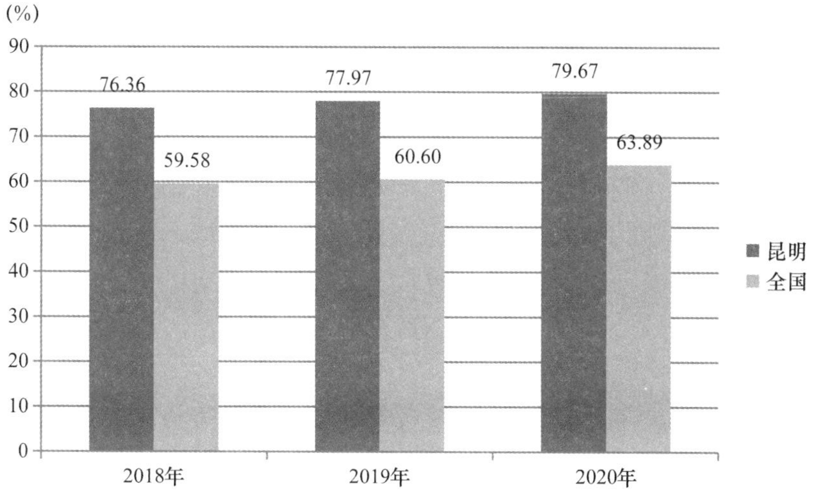

图 3－7 2018—2020 年昆明与全国常住人口城镇化率的比较

镇化率为60.60%，比上年年末提升1.02个百分点。根据地方统计部门公布的数据梳理发现，31个省（自治区、直辖市）中，有13个省份超过60.60%的国家平均水平，有18个省份在55.00%以下。昆明市2019年城市常住人口城镇化率为77.97%，高于全国平均常住人口城镇化率17.37个百分点。显然，昆明市的城镇化每年都有所增长。

2020年年末全国常住人口平均城镇化率为63.89%，比上年年末提高3.29个百分点。昆明市2020年城市常住人口城镇化率为79.67%（见图3－7），昆明市城镇化质量和水平均稳步提升，城镇空间格局不断优化，城镇规划、建设和管理水平不断提高，城镇化体制机制不断完善，城乡面貌焕然一新。

昆明的常住人口城镇化率虽然到2020年已高于全国15.78个百分点，但是，一方面，一部分从农村来的人虽然已居住在城市里，但并没有很好地融入，因此要推动这部分人特别是大部分农民工真正融入城市，分享城市发展的成果；另一方面，还要提升城市居民的生活质量。随着城市的快速发展，一些生活在城市中的中低收入水平群体谋生还比较艰难。此外，城市土地利用还不够科学、城市风貌和城市特色体现还不足，对历史文化的保护还不够等问题，也都需要在城镇化的推进过程中努力解决。

3. **城镇登记失业率**

失业率是评价一个国家或地区就业状况的重要指标。国际上运用的失业率概念是指失业人数同从业人数与失业人数之和的比例，反映了一定时期内可以参加社会劳动的人数中实际失业人数所占的比重。

城镇登记失业率是中国特有的失业统计指标，它是指在报告期末城镇登记事业人数占期末城镇从业人员总数与期末实有城镇登记失业人数之和的比重。

（1）昆明与全国的比较

根据《中国统计年鉴》的统计，2018—2020 年，全国的城镇登记失业率 2018 年为 3.80%，2019 年为 3.62%，2020 年为 4.24%。昆明 2018 年的城镇登记失业率为 3.09%，比全国低 0.71%；2019 年为 3.44%，比全国低 0.18%；2020 年为 4.22%，比全国低 0.02%（见图 3－8）。

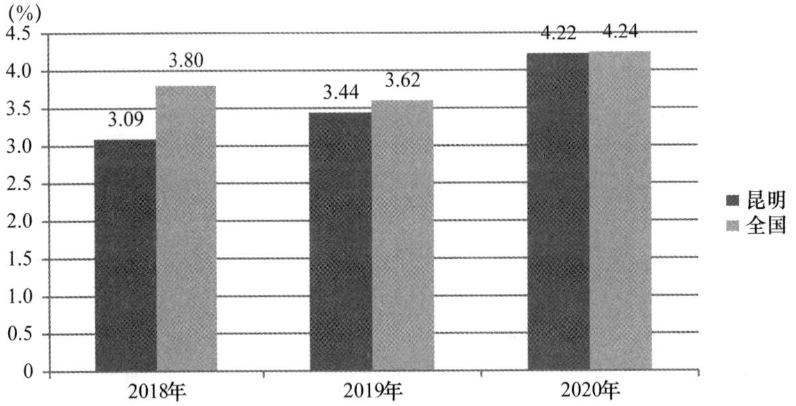

图 3－8　2018—2020 昆明与全国登记失业率的比较

（2）昆明与 27 个省会城市比较

昆明市 2019 年城镇登记失业率为 3.44%，27 个省会城市的平均值为 2. 71%，昆明市较 27 个省会城市平均值高了 0. 73%，在 27 个省会城市中排名第 22（见图 3 – 9）。

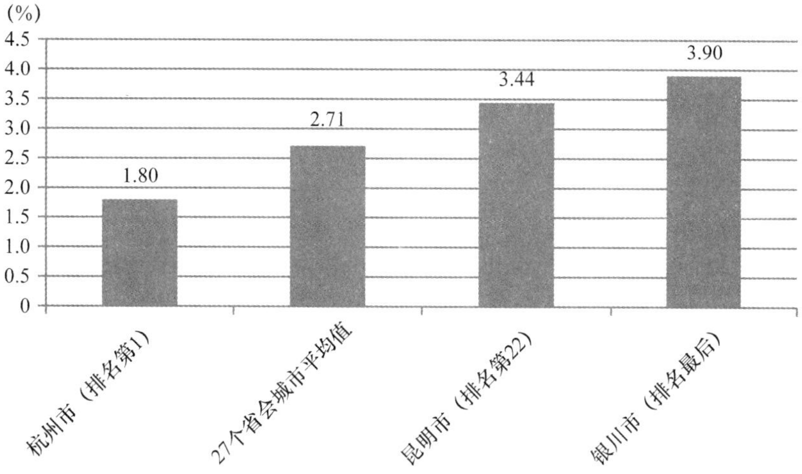

图 3 – 9 2019 年昆明与 27 个省会城市城镇登记失业率比较

昆明市 2020 年城镇登记失业率为 4. 22%，27 个省会城市的平均值为 3. 10%，昆明市较 27 个省会城市平均值高了 1. 12%，在 27 个省会城市中排名第 26（见图 3 – 10）。

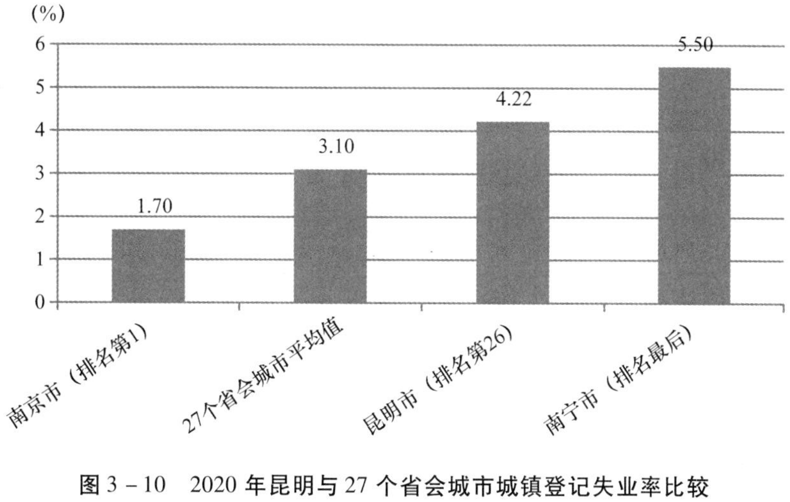

图 3 – 10 2020 年昆明与 27 个省会城市城镇登记失业率比较

（3）昆明与重庆、成都、贵阳、南宁比较

昆明市 2019 年城镇登记失业率为 3.44%，分别高于重庆、南宁、贵阳、成都 0.84%、0.74%、0.44%、0.14%（见图 3 - 11）。

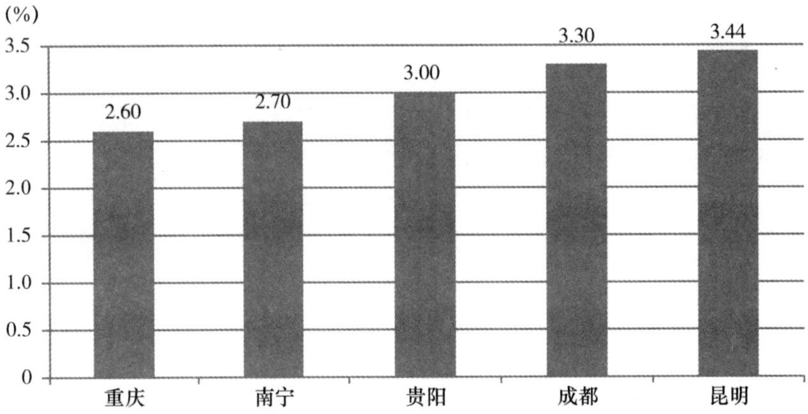

图 3 - 11　2019 年昆明与重庆、成都、贵阳、南宁城镇登记失业率比较

昆明市 2020 年城镇登记失业率为 4.22%，低于重庆与南宁，高于贵阳与成都，较重庆与南宁分别低了 0.28%、1.28%，较贵阳与成都分别高了 0.22%、1.22%（见图 3 - 12）。

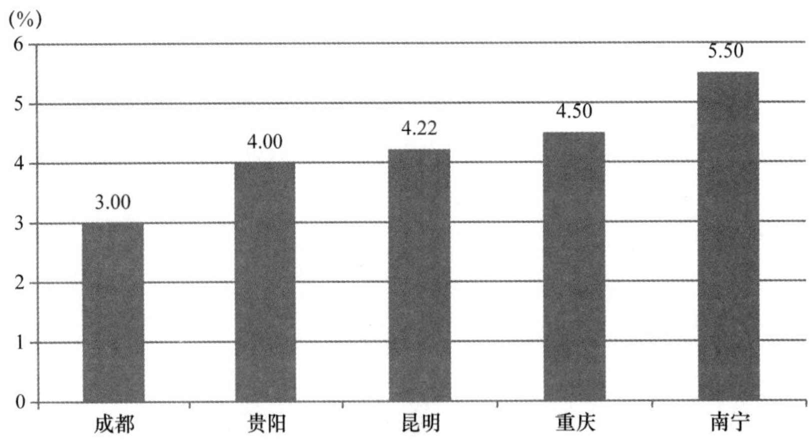

图 3 - 12　2020 年昆明与重庆、成都、贵阳、南宁城镇登记失业率比较

4. **城镇居民人均可支配收入**

人均可支配收入在实际生活中，常用来代指人均居民可支配收入，严格来说，居民可支配收入是居民可用于最终消费支出和储蓄的总和，即居民可用于自由支配的收入。既包括现金收入，也包括实物收入。按照收入的来源，可支配收入包含四项：工资性收入、经营性净收入、财政性净收入和转移性净收入。

（1）昆明与全国的比较

2018—2020年，全国城镇居民人均可支配收入分别为3.92508万元、4.23588万元、4.38338万元；昆明的城镇居民人均可支配收入分别为4.2988万元、4.6289万元、4.8018万元。2018—2020年昆明的城镇居民人均可支配收入比全国分别高出0.37372万元、0.39302万元、0.41842万元（见图3－13）。昆明的城镇居民人均可支配收入2019年比2018年增长0.3301万元，2020年比2018年增长0.503万元，年均增长率为5.69%。

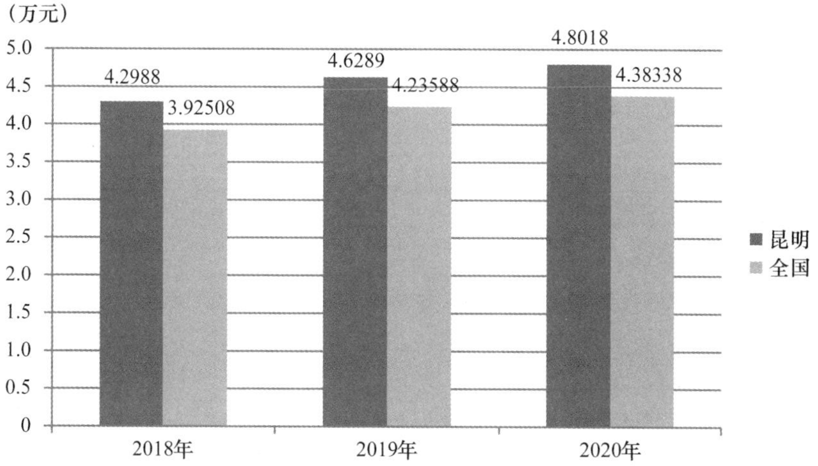

图3－13　2018—2020昆明与全国城镇居民人均可支配收入的比较

（2）昆明与27个省会城市比较

昆明市2019年城镇居民人均可支配收入46289元，27个省会城市的平均值45213.63元，昆明市较27个省会城市平均值高出1075.37元，在27个省会城市中排名第10（见图3-14）。

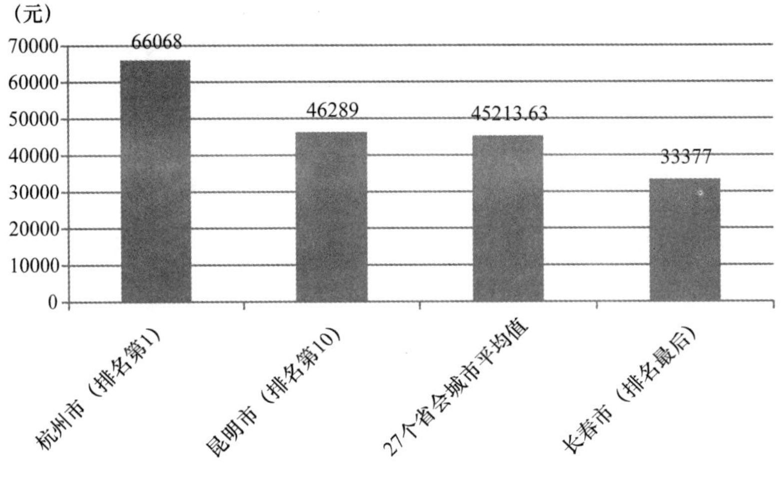

图3-14　2019年昆明与27个省会城市城镇居民人均可支配收入比较

昆明市2020年城镇居民人均可支配收入48018元，27个省会城市的平均值47080.67元，昆明市较27个省会城市平均值高出937.33元，在27个省会城市中排名第11（见图3-15）。

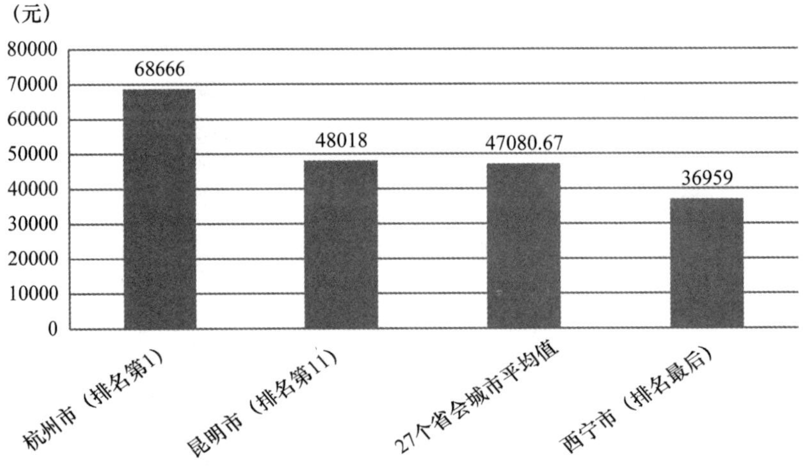

图3-15　2020年昆明与27个省会城市城镇居民人均可支配收入比较

（3）昆明与重庆、成都、南宁、贵阳的比较

昆明市2020年城镇居民人均可支配收入48018元，比成都低575元，较贵阳、重庆、南宁则分别高出7713元、8012元、9476元（见图3－16）。

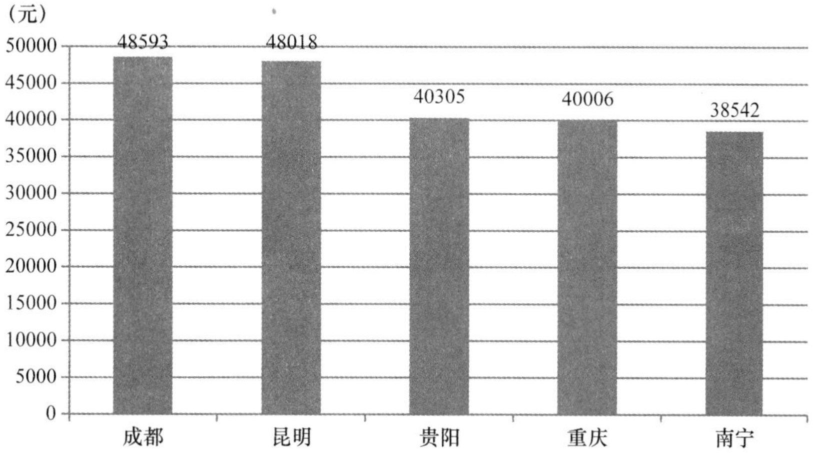

图3－16　2020年昆明与成都、重庆、南宁、贵阳城镇居民人均可支配收入的比较

面对国内外形势深刻复杂变化特别是新冠肺炎疫情的严重冲击，昆明市坚持以习近平新时代中国特色社会主义思想为指导，全面贯彻党的十九大和十九届二中、三中、四中、五中全会精神以及习近平总书记考察云南重要讲话精神，统筹做好疫情常态化防控和经济社会发展各项工作，全年经济运行呈现加快恢复。2020年，全市地区生产总值达6733.79亿元，一般公共预算收入达650.47亿元，全年居民消费价格比上年上涨3.1%，全年商品零售价格比上年上涨2.3%，城镇居民人均可支配收入达48018元，比上一年高了1729元。

5. 农村居民人均可支配收入

农村居民可支配收入是指农村住户获得的经过初次分配与再分配后的收入。可支配收入可用于住户的最终消费、非义务

性支出以及储蓄。计算方法：农村住户可支配收入 = 农村住户总收入 - 家庭经营费用支出 - 税费支出 - 生产性固定资产折旧 - 财产性支出 - 转移性支出 - 调查补贴。

（1）昆明与全国的比较

2018—2020 年，昆明农村居民人均可支配收入分别为：1.4895 万元、1.6356 万元、1.7719 万元；与全国农村居民人均可支配收入相比较，2018 年高出 0.0278 万元、2019 年高出 0.03353 万元、2020 年高出 0.05875 万元（见图 3 - 17）。

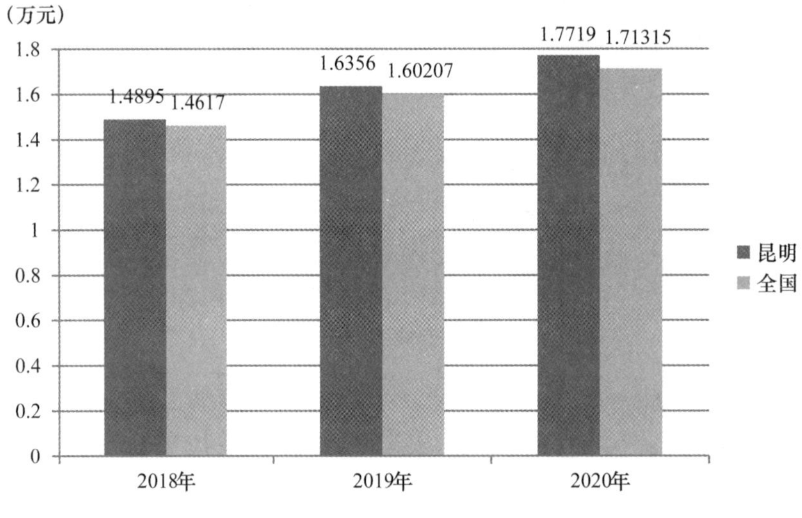

图 3 - 17　2018—2020 年昆明与全国农村居民人均可支配收入的比较

（2）昆明与 27 个省会城市的比较

昆明市 2019 年农村居民人均可支配收入 16356 元，27 个省会城市的平均值 20148.96 元，昆明市较 27 个省会城市平均值低 3792.96 元，在 27 个省会城市中排名第 18（见图 3 - 18）。

昆明市 2020 年农村居民人均可支配收入 17719 元，27 个省会城市的平均值 21563.44 元，昆明市较 27 个省会城市平均值低 3844.44 元，在 27 个省会城市中排名第 19（见图 3 - 19）。

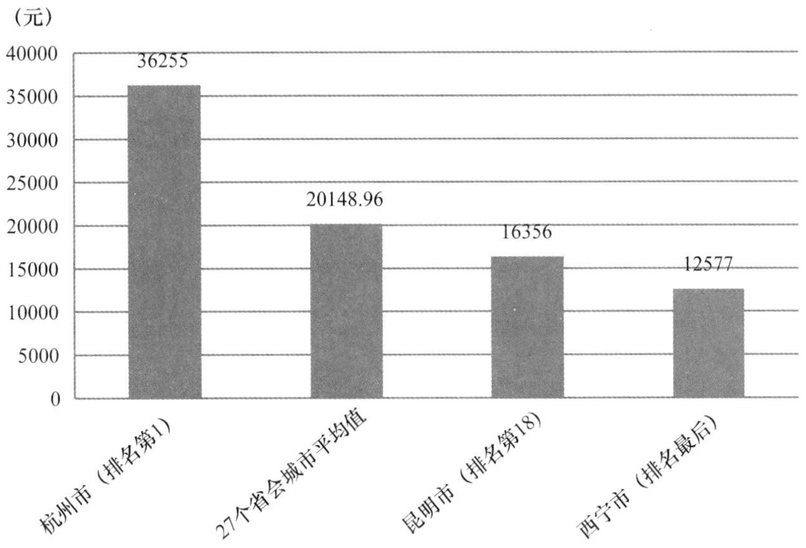

图 3－18　2019 年昆明与 27 个省会城市农村居民人均可支配收入的比较

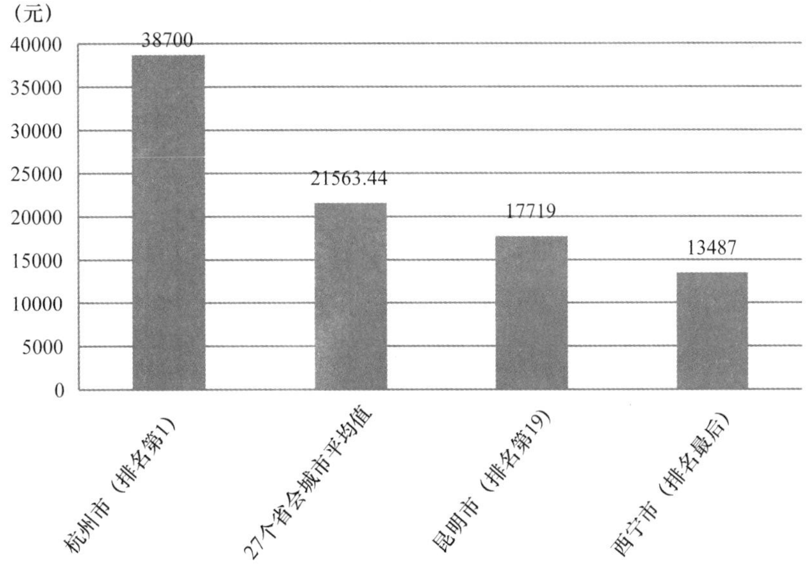

图 3－19　2020 年昆明与 27 个省会城市农村居民人均可支配收入的比较

（3）昆明与成都、贵阳、重庆、南宁的比较

昆明市 2020 年农村居民人均可支配收入 17719 元，落后于成都、贵阳，但高于重庆、南宁，较成都、贵阳分别低了 8713 元、955 元，较重庆、南宁分别高了 1358 元、1589 元（见图 3－20）。

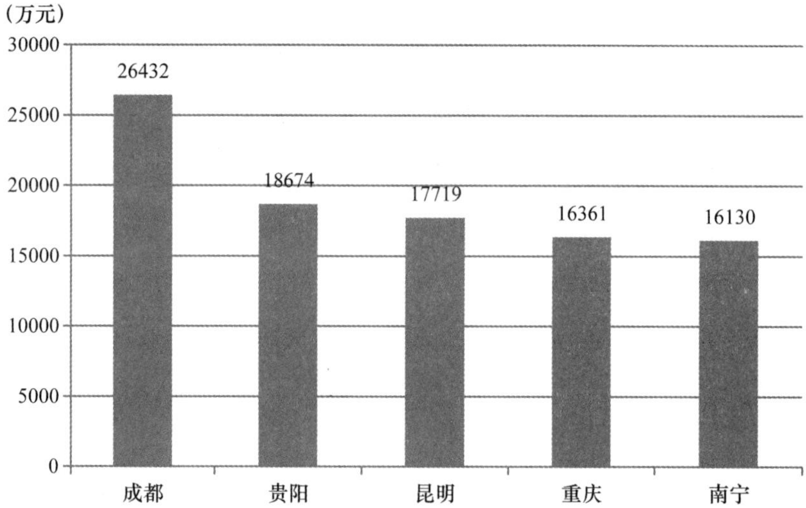

图 3－20　2020 年昆明与成都、贵阳、重庆、南宁农村居民可支配收入的比较

二　昆明“社会服务”指数分析

（一）昆明“社会服务”指数得分

昆明市域“社会服务”指数得分 2018 年为 82.53 分；2019 年为 83.95 分；2020 年为 86.83 分（见图 3－21）。

（二）昆明“社会服务”进步指数

2019 年，昆明的“社会服务”指数相较于 2018 年进步了 1.72%；2020 年相较于 2018 进步了 5.21%（见图 3－22）。

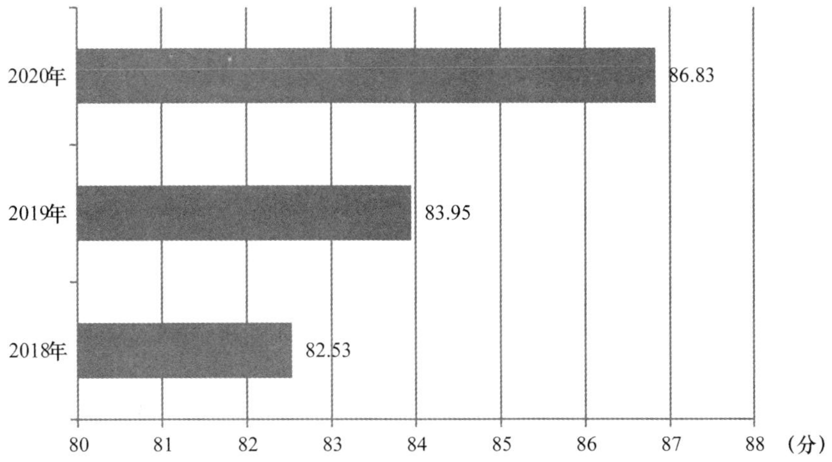

图 3-21 2018—2020 年昆明市“社会服务”指数得分

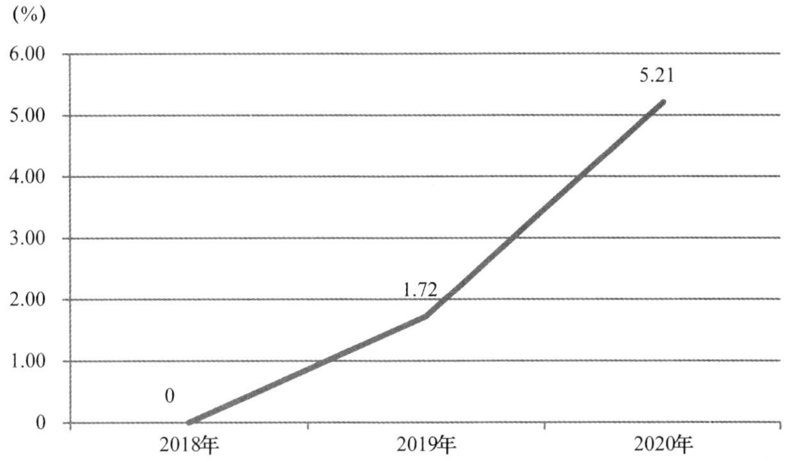

图 3-22 2018—2020 年昆明市“社会服务”进步指数

（三）昆明“社会服务”指数的若干核心指标分析

1. 人均体育场地面积

2018—2020 年，昆明的人均体育场地面积分别为 2.10 平方米、2.23 平方米、2.23 平方米，与全国人均体育场地面积比较，分别高出 0.24 平方米、0.15 平方米、0.03 平方米（见图 3-23）。

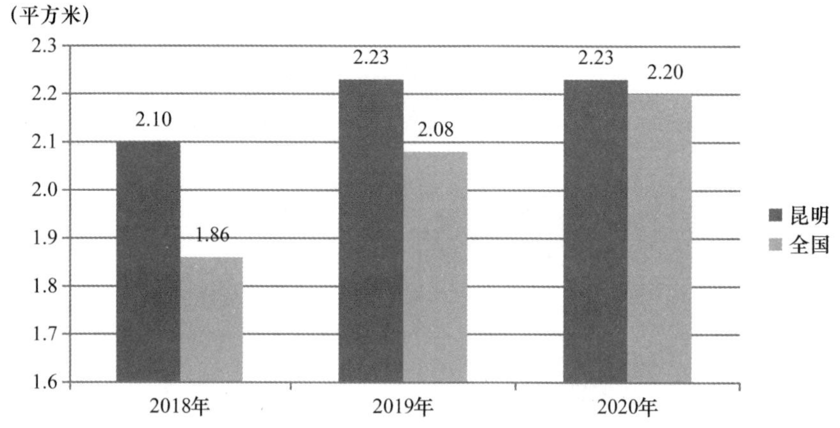

图 3－23 2018—2020 年昆明与全国人均体育场地面积的比较

2018—2020 年，昆明的人均体育场地面积平均增长率为 3.05%，体现了昆明在落实“健康中国”战略，不断提高昆明市民健康素质方面的投入力度。

2. **每千人口医疗卫生机构床位数**

2018—2020 年，昆明的每千人口医疗卫生机构床位数分别为 9.23 张、9.22 张、7.76 张，与全国每千人口医疗卫生机构床位数比较，分别高出 3.20 张、2.92 张、1.30 张（见图 3－24）。

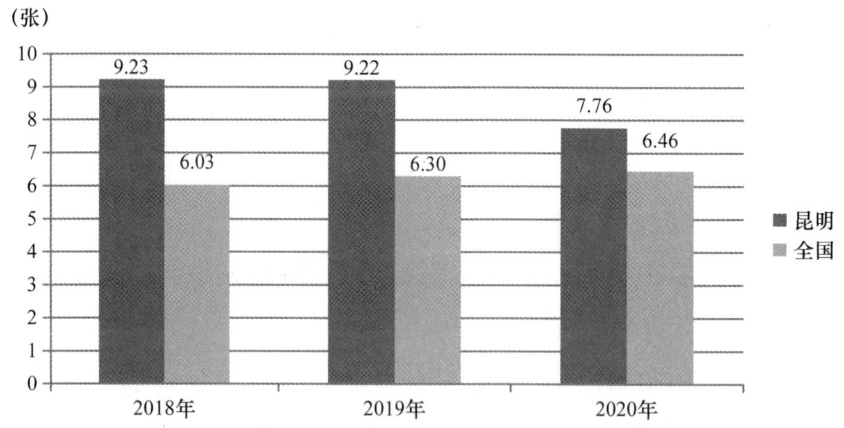

图 3－24 2018—2020 年昆明与全国每千人口医疗卫生机构床位数的比较

医疗卫生机构床位数不仅说明了一个城市的医疗卫生资源，而且反映了一个城市一旦面临各种突如其来的疫情冲击，医疗卫生机构能提供的“应收尽收”病人的能力，在外防输入、内防反弹的“全球抗疫”时代，医疗卫生机构床位数指标尤为重要。

3. 每千人拥有执业医师数

2018—2020 年，昆明的每千人拥有执业医师数，分别为 4.17 人、4.57 人、3.96 人，比全国每千人拥有执业医师数分别高出 1.58 人，1.80 人、1.06 人（见图 3 - 25）。

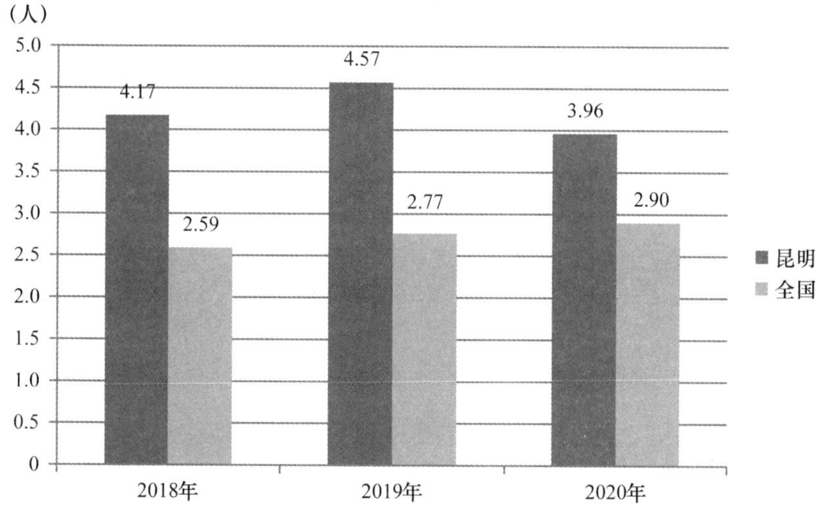

图 3 - 25 2018—2020 年昆明与全国每千人拥有执业医师数的比较

4. 每千人配置全科医生人数

2018—2020 年，昆明的每千人配置全科医生人数，分别为 0.200 人、0.247 人、0.210 人，2018 年、2019 年、2020 年比全国每千人配置全科医生人数分别低了 0.022 人、0.014 人、0.080 人（见图 3 - 26）。

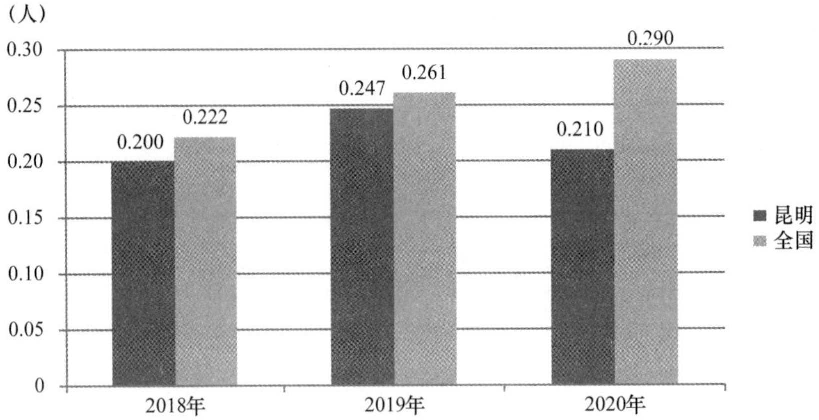

图 3－26 2018—2020 年昆明和全国每千人配置全科医生人数的比较

三 昆明“社会环境”指数分析

（一）昆明“社会环境”指数得分

昆明市域“社会环境”指数得分 2018 年为 80.08 分；2019 年为 80.18 分；2020 年为 80.55 分（见图 3－27）。

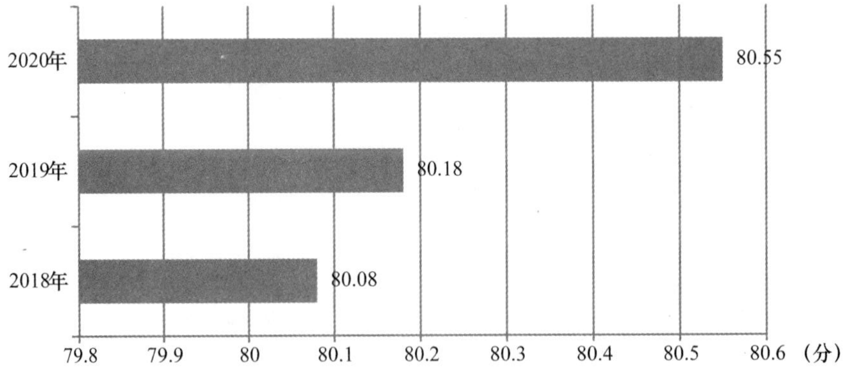

图 3－27 2018—2020 年昆明市域“社会环境”指数得分

（二）昆明“社会环境”进步指数

2019 年，昆明的“社会环境”指数相对 2018 年进步了 0.12%；2020 年相对 2018 年进步了 0.59%（见图 3－28）。

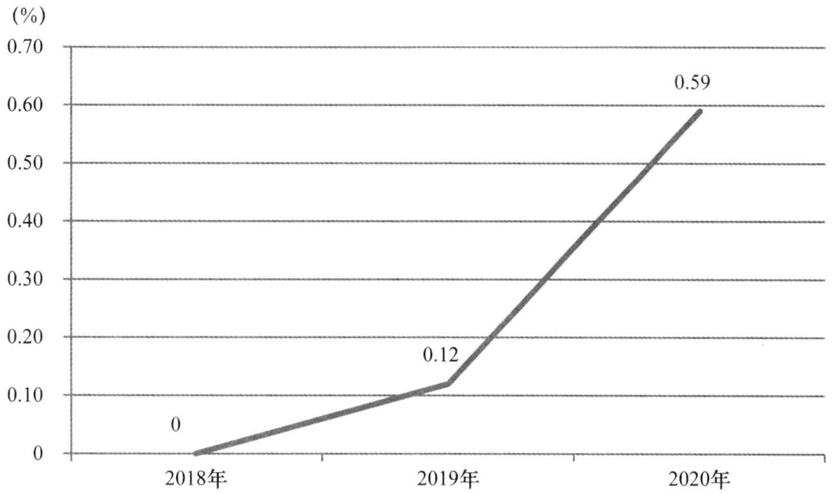

图 3-28 2018—2020 年昆明市域“社会环境”进步指数

（三）昆明“社会环境”指数的若干核心指标分析

1. 生活垃圾无害化处理率

2018—2020 年，昆明的生活垃圾无害化处理率均为 100.0%；与全国生活垃圾无害化处理率比较，分别高了 1.0%、0.8%、0.3%（见图 3-29）。

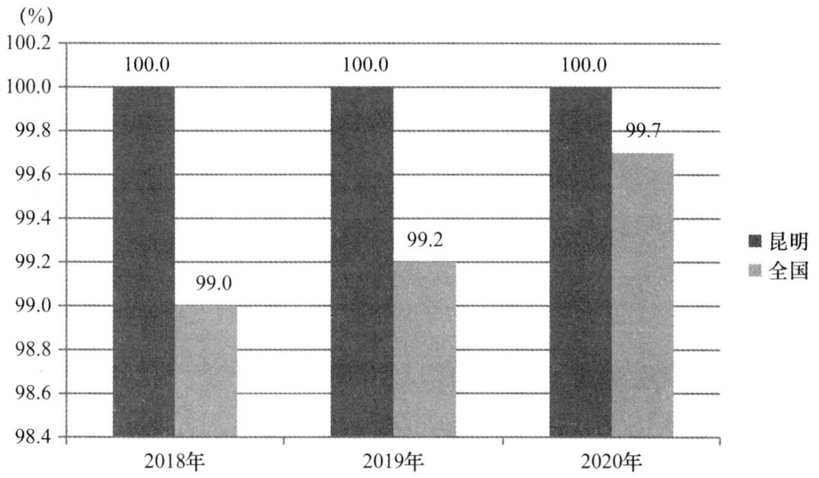

图 3-29 2018—2020 年昆明与全国生活垃圾无害化处理率的比较

2. 城市声环境功能区夜间监测总点次达标率

2018—2020 年，昆明城市声环境功能区夜间监测总点次达标率分别为 62. 5%、66. 8%、88. 7%，2018 年、2019 年与全国城市声环境功能区夜间监测总点次达标率的平均值比较，分别低了 11. 0%、7. 6%；2020 年与全国的平均值比较，高出 8. 6%（见图 3 - 30）。

昆明 2020 年的城市声环境质量首次高出全国的平均水平，有较大的提升。

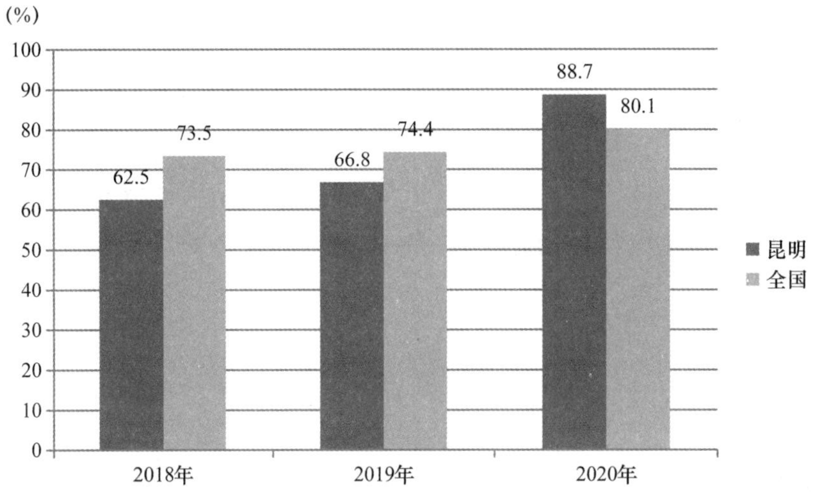

图 3 - 30　2018—2020 年昆明与全国城市声环境功能区夜间监测总点次达标率的比较

3. 食品监测抽检合格率

2018—2020 年，昆明的食品监测抽检合格率分别为 97. 70%、98. 22%、98. 48%，与全国食品监测抽检合格率比较，分别高出 0. 10%、0. 62%、0. 79%（见图 3 - 31）。

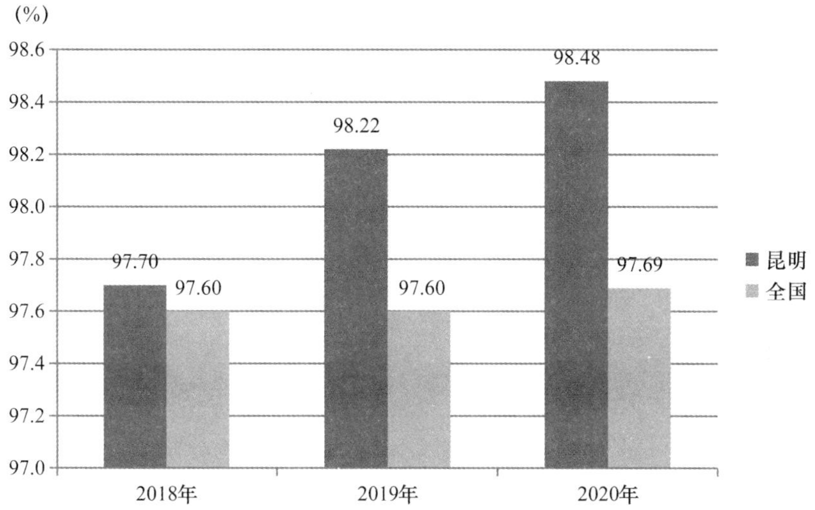

图 3－31　2018—2020 年昆明与全国食品监测抽检合格率的比较

第四章　昆明县域社会治理指数

一　昆明县域社会治理综合指数

（一）昆明社会治理综合指数得分和排序

根据昆明16个县（市）区、开发（度假）区提供的2021年评价县域社会治理水平的21个指标，通过主成分分析，计算昆明县域社会治理的综合指数得分，以及16个县（市）区、开发（度假）区社会治理综合指数得分及其排序。

2020年昆明县域社会治理现代化实践需要进一步提高，综合指数得分为78.03分。

2020年，昆明16个县（市）区、开发（度假）区的社会治理综合指数得分排名如下：排名第1的五华区，得分90.70分；排名最后的禄劝县，得分71.85分（见表4－1）。第1名五华区和最后1名禄劝县相差18.85分。

表4－1　　2020年昆明县域社会治理综合指数得分和排名

排名	昆明下辖县（市）区	2020年社会治理综合指数得分（分）	2020年社会治理综合指数百分制得分（分）
1	五华区	23.12830413	90.70
2	官渡区	22.26321659	88.98
3	西山区	21.04236391	86.51
4	盘龙区	19.35594931	82.97

续表

排名	昆明下辖县（市）区	2020 年社会治理综合指数得分（分）	2020 年社会治理综合指数百分制得分（分）
5	呈贡区	19. 30395212	82. 86
6	安宁市	16. 77632301	77. 24
7	经开区	16. 60346438	76. 85
8	宜良县	15. 91829361	75. 24
9	阳宗海风景区	15. 63621674	74. 57
10	晋宁区	15. 54402649	74. 35
11	石林县	15. 53334974	74. 33
12	嵩明县	15. 37822363	73. 96
13	寻甸县	15. 16650465	73. 44
14	富民县	15. 07056941	73. 21
15	东川区	14. 58502998	72. 02
16	禄劝县	14. 51609214	71. 85
	平均值	17. 23886749	78. 03
	百分标准值	28. 11679545	100

（二）昆明县域社会治理综合指数比较分析

昆明 16 个县（市）区社会治理综合指数排在前 3 名的分别为：五华区 90. 70 分、官渡区 88. 98 分、西山区 86. 51 分；排在后 3 名的为：富民县 73. 21 分、东川区 72. 02 分、禄劝县 71. 85 分（见表 4 – 1）。

（1）五华区社会治理综合指数得分 90. 70 分，位居昆明市第 1。从 3 项分指数看，五华区“社会服务”指数得分为 90. 78 分，位于第 1 名；“社会活力”指数得分为 92. 44 分，位于第 2 名；“社会环境”指数得分 81. 53 分，位于第 5 名。从深层次原因看，五华区社会治理综合指数得分排名第 1，主要在于五华区秉持“高位推动、顶层设计、创新求变、品牌示范”，不断加强党对社会治理工作的领导，提升治理体系化和组织化水平，不断提高保障和改善民生、加强和创新社会治理的能力水平。第一，坚持党建引领，健全机制体制。把党的全面领导贯穿于社会建设和社会治理各领域各方面各环节，推动构建以党组织为核心的公共服务圈、群众自治圈、社会共治圈。着眼于顶层设计和制度性安排，健全社会建设四级联动体系，深化实施社会治理工作项目化管理，网格化管理、精细化服务、信息化支撑、开放共享的基层管理服务平台初步构建。发展完善“吹哨报到”“未诉先办”“智慧党建”“一统六联”等措施机制，推进治理体系和治理能力现代化。第二，下移治理重心，夯实基层基础。严格落实社区工作准入“一办法、三清单”，支持街道社区购买社会工作项目，增强街道社区轴心作用和服务能力。建设“15分钟居家养老服务圈”。深入挖掘老旧小区改造、引入物业、安装电梯等基层治理经验，汇总形成五华模式在全区范围推广。

（2）官渡区社会治理综合指数得分 88.98 分，位于昆明市第 2 名。从 3 项分指数看，官渡区“社会活力”指数得分 94.63 分，位于第 1 名；“社会服务”指数得分 73.15 分，位于第 5 名；“社会环境”指数得分 87.38 分，位于第 2 名。综合指数据此排名靠前。官渡区位居第 2 还在于：探索形成了“一核多维、共建共享”社会治理模式，凸显社会治理亮点。第一，以“三段六步工作法”推进社区协商共治，探索出太和街道以基层民主协商方式解决老旧小区微改造难题的新路径，形成基层协商民主工作的“官渡标准”，推动政府治理和社会调节、居民自治良性互动。第二，打造“红色物业”，推出“先锋服务团”，“红邻党支部”，及社区和物业公司“交叉任职”等物业管理服务模式。创新构建“社区党总支 + 小区党支部 + 社会组织 + 社工 + 小区自管小组 + 社会工作联盟单位”“六位一体”的治理机制，促进社区为民服务优化升级。第三，完善官渡区社会治理创新创享中心平台建设和政府购买服务保障，积极引进各类社会组织，持续挖掘和培育社区社会组织参与社会治理、公共服务，不断激发社会活力。

（3）西山区社会治理综合指数得分86.51分，位居昆明市第3名。从3项分指数看，西山区“社会活力”指数得分87.65分，位于第3名；“社会服务”指数得分88.65分，位于第2名；“社会环境”指数得分80.33分，位于第7名。西山综合指数排名靠前，其主要经验是：聚焦善治、自治、精治、共治、法治“五治”，创新党建引领网格治理机制，创新发展新时代“枫桥经验”，社会治安持续向好，西山区社会治理工作迈出了坚实步伐。西山区还被评为2020年“中国最具安全感百佳县市”。

从后3名来看，富民县、东川区、禄劝县得分都在70分左右，全部低于平均值78.03分。与排名前列的县（市）区有一定的差距。

（1）富民县社会治理综合指数得分73.21分，倒数第3。从3项分指数看，富民县“社会活力”指数得分72.81分，位于第13名；“社会服务”指数得分61.42分，位于第15名；“社会环境”指数得分79.12分，位于第14名。由于“社会活力”指数、“社会服务”指数和“社会环境”指数都排在倒数的位置，故综合指数得分排名后列。

（2）东川区社会治理综合指数得分72.02分，倒数第2。从3项分指数看，东川区“社会活力”指数得分67.54分，位于第14名；“社会服务”指数得分62.11分，位于第12名；“社会环境”指数得分80.18分，位于第9名。显然，“社会活力”指数和“社会服务”指数排名靠后导致东川区综合指数得分排名后列。

（3）禄劝县社会治理综合指数得分71.85分，倒数第1。从3项分指数看，禄劝县“社会活力”指数得分65.24分，位于倒数第1名；“社会服务”指数得分67.87分，位于第7名；“社会环境”指数得分80.23分，位于第8名。禄劝县的“社会活力”指数倒数第 1，“社会服务”指数和“社会环境”指数排名较后，导致综合指数得分排名倒数第 1。

二 昆明县域“社会活力”指数

昆明县域“社会活力”指数作为昆明县域社会治理综合指数构成要素之一，从一个侧面反映了昆明县域社会治理的水平，以下对其比较分析。

（一）昆明县域“社会活力”指数得分和排名

2020 年，昆明县域“社会活力”指数得分排名第 1 的官渡区，得分 94.63 分；最后 1 名禄劝县，得分 65.24 分（见表 4－2）。第 1 名与最后 1 名相差 29.39 分。

表 4－2　2020 年昆明县域“社会活力”指数得分和排名

排名	昆明下辖县（市）区	2020 年“社会活力”指数得分（分）	2020 年“社会活力”指数百分制得分（分）
1	官渡区	14.49896978	94.63
2	五华区	13.83711108	92.44
3	西山区	12.43781879	87.65
4	呈贡区	12.39691774	87.50
5	盘龙区	12.23943351	86.94
6	经开区	10.62409048	81.00
7	安宁市	9.738007490	77.55
8	阳宗海风景区	9.266372524	75.65
9	晋宁区	9.141152672	75.14
10	石林县	8.989986300	74.51
11	宜良县	8.824302711	73.82
12	嵩明县	8.665091531	73.16
13	富民县	8.582427912	72.81

续表

排名	昆明下辖县（市）区	2020 年“社会活力”指数得分（分）	2020 年“社会活力”指数百分制得分（分）
14	东川区	7. 386954259	67. 54
15	寻甸县	7. 157883205	66. 49
16	禄劝县	6. 891421370	65. 24
	平均值	10. 04237133	78. 75
	百分标准值	16. 19124494	100

（二）昆明县域“社会活力”指数比较分析

2020 年，昆明县域“社会活力”指数得分排名前 3 位的分别是：官渡区，得分 94. 63 分；五华区，得分 92. 44 分；西山区，得分 87. 65 分。官渡区、五华区的“社会活力”指数得分均在 90 分以上。

排名后 3 位的分别是：东川区，得分 67. 54 分；寻甸县，得分 66. 49 分；禄劝县，得分 65. 24 分。这 3 个县（市）区“社会活力”指数得分均在平均值 78. 75 分以下。

（三）昆明县域“社会活力”指数构成指标排序

昆明县域“社会活力”指数包括“年末城镇常住人口数（万人）”“城镇居民人均可支配收入（万元）”“农村居民人均可支配收入（万元）”“地区生产总值（万元）”“居民储蓄存款余额（亿元）”“注册志愿者人数占本地常住人口比例（%）”“有志愿服务时间记录的志愿者人数占注册志愿者总人数的比例（%）”“《国民体质测定标准》合格以上的人数比例（%）”8 个评价指标。

1. 年末城镇常住人口数

在年末城镇常住人口数中，昆明 16 个县（市）区差距很大。排名第 1 的官渡区和排名最后的阳宗海风景区相差 156. 59 万人（见图 4 – 1）。

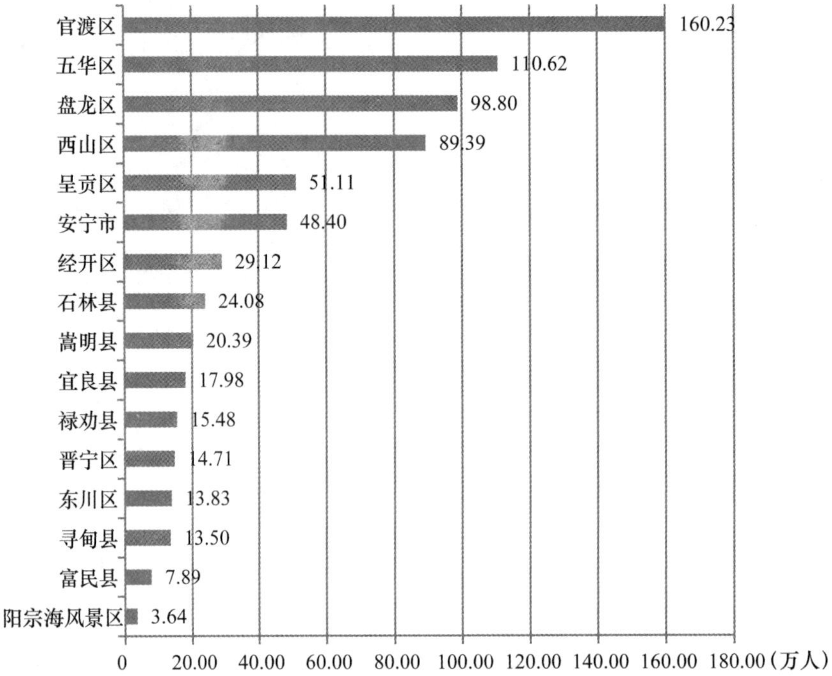

图 4－1　昆明 16 个县（市）区、开发（度假）区年末城镇常住人口数

2020 年昆明市 16 个县（市）区、开发（度假）区年末城镇常住人口数排名前 3 的为：官渡区，160.23 万人；五华区，110.62 万人；盘龙区，98.80 万人。

排名后 3 的为：寻甸县，13.50 万人；富民县，7.89 万人；阳宗海风景区，3.64 万人。

2. 城镇居民人均可支配收入

在城镇居民人均可支配收入中，2020 年昆明市 14 个县（市）区[①]城镇居民人均可支配收入差距较小，排名第 1 的盘龙区与排名最后的东川区相差 1.26 万元（见图 4－2）。

① 因数据缺失，经开区与阳宗海风景区不纳入计算。

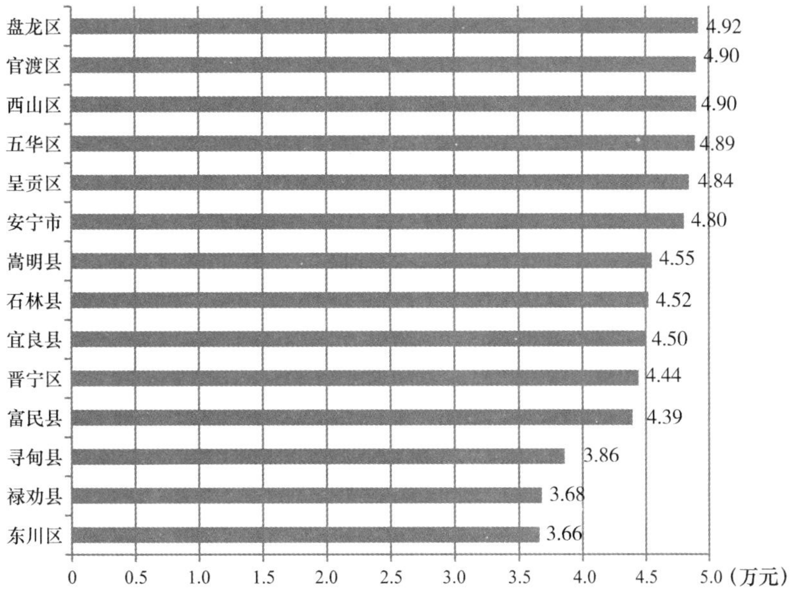

图 4－2　昆明 14 个县（市）区、开发（度假）区城镇居民人均可支配收入

2020 年昆明市 14 个县（市）区①城镇居民人均可支配收入排名前 3 的为：盘龙区，4. 92 万元；官渡区，4. 90 万元；西山区，4. 90 万元。

排名后 3 的为：寻甸县，3. 86 万元；禄劝县，3. 68 万元；东川区，3. 66 万元。

3. **农村居民人均可支配收入**

2020 年昆明市 14 个县（市）区②农村居民人均可支配收入差距较小。排名第 1 的官渡区和排名最后的东川区相差 1. 39 万元（见图 4－3）。

2020 年昆明市 14 个县（市）区农村居民人均可支配收入排名前 3 的为：官渡区，2. 41 万元；西山区，2. 36 万元；呈贡区，2. 33 万元。

---

① 因数据缺失，经开区与阳宗海风景区不纳入计算。
② 因数据缺失，经开区与阳宗海风景区不纳入计算。

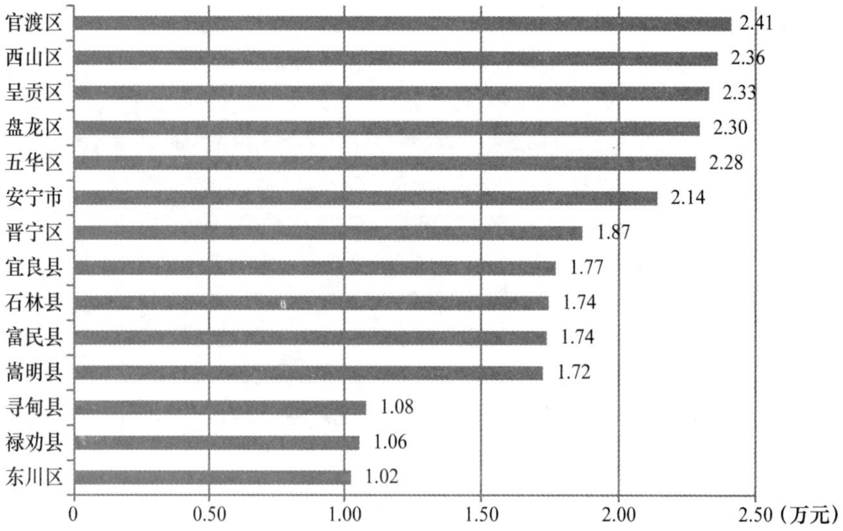

图 4-3 昆明 14 个县（市）区、开发（度假）区农村居民人均可支配收入

排名后 3 的为：寻甸县，1.08 万元；禄劝县，1.06 万元；东川区，1.02 万元。

4. **地区生产总值**

2020 年昆明市 15 个县（市）区①地区生产总值差距很大。排名第 1 的官渡区和排名最后的富民县相差 12777466 万元（见图 4-4）。

2020 年昆明市 15 个县（市）区②地区生产总值排名前 3 的为：官渡区，13834744 万元；五华区，12423509 万元；盘龙区，9281633 万元。

排名后 3 的为：东川区，1231073 万元；石林县，1170737 万元；富民县，1057278 万元。

5. **居民储蓄存款余额**

2020 年昆明 13 个县（市）区③居民储蓄存款余额数据很不

① 因数据缺失，阳宗海风景区不纳入计算。

② 因数据缺失，阳宗海风景区不纳入计算。

③ 因数据缺失，五华区、盘龙区、经开区不纳入计算。

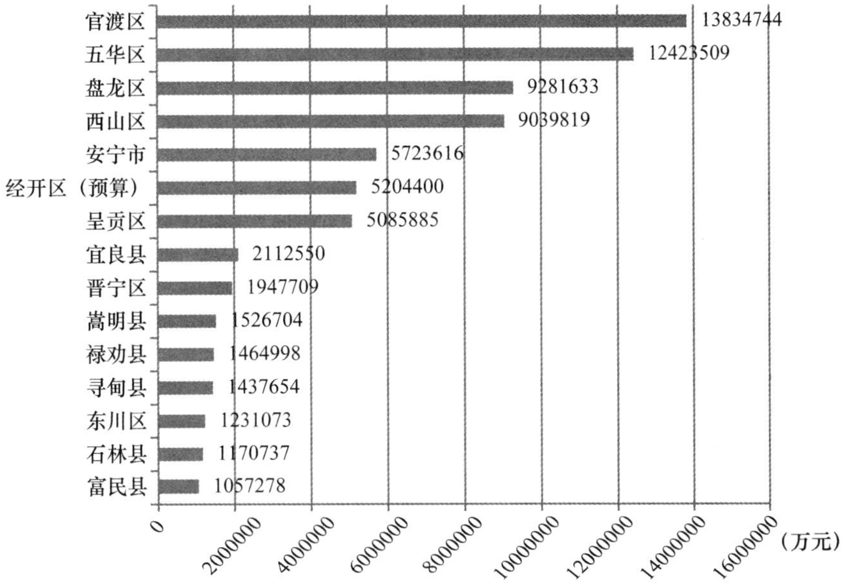

图 4－4　昆明 15 个县（市）区、开发（度假）区地区生产总值

均衡。排名第 1 的官渡区和排名最后的阳宗海风景区相差 980.89 亿元（见图 4－5）。

2020 年昆明 13 个县（市）区①居民储蓄存款余额排名前 3 的为：官渡区，1014.01 亿元；西山区，641.88 亿元；呈贡区，311.29 亿元。

排名后 3 的为：禄劝县，89.91 亿元；富民县，71.55 亿元；阳宗海风景区，33.12 亿元。

6. 注册志愿者人数占本地常住人口比例

2020 年昆明市 16 个县（市）区注册志愿者人数占本地常住人口比例分布非常不均衡。排名第 1 的呈贡区和排名最后的寻甸县相差 50.47%（见图 4－6）。

① 五华区、盘龙区、经开区没有提供准确数据。

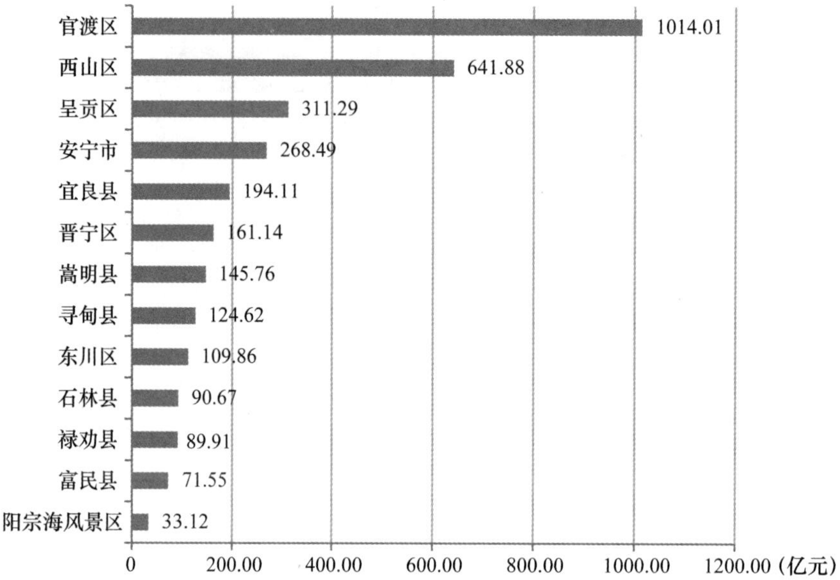

图 4－5　昆明 13 个县（市）区、开发（度假）区居民储蓄存款余额

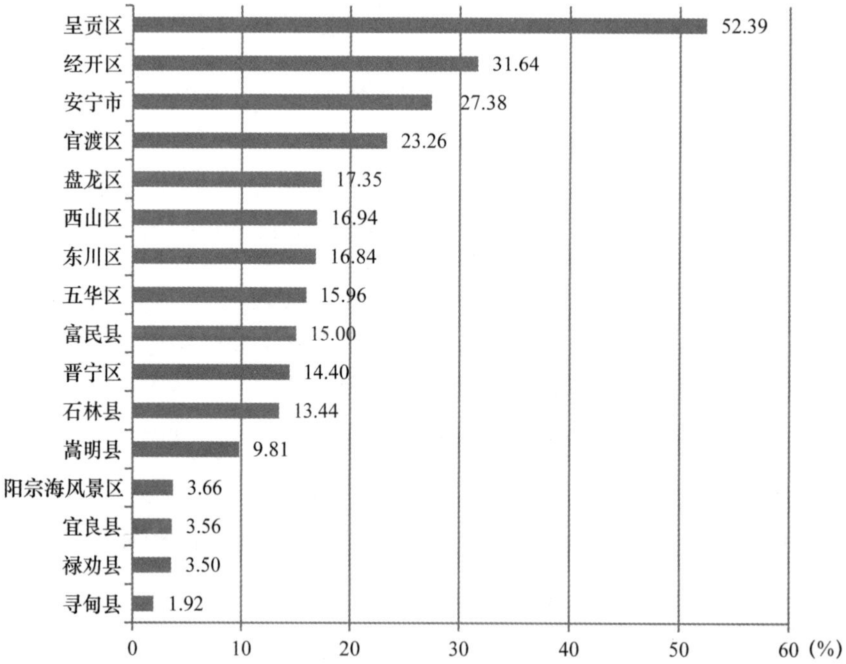

图 4－6　昆明 16 个县（市）区、开发（度假）区注册志愿者人数占本地常住人口比例

2020 年昆明市 16 个县（市）区注册志愿者人数占本地常住人口比例排名前 3 的为：呈贡区，52.39%；经开区，31.64%；安宁市 27.38%。

排名后 3 的为：宜良县，3.56%；禄劝县，3.50%，寻甸县，1.92%。

7. 有志愿服务时间记录的志愿者人数占注册志愿者总人数的比例

2020 年昆明市 16 个县（市）区有志愿服务时间记录的志愿者人数占注册志愿者总人数的比例分布很不均衡。排名第 1 的禄劝县、阳宗海风景区和排名最后的嵩明县相差71.44%（见图4－7）。

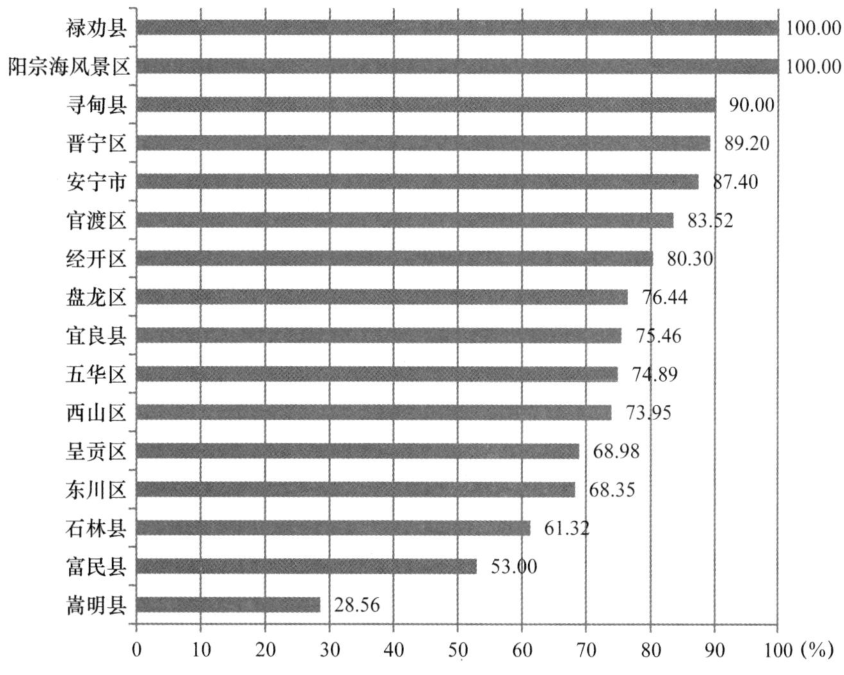

图 4－7　昆明 16 个县（市）区、开发（度假）区有志愿服务时间记录的志愿者人数占注册志愿者总人数的比例

2020 年昆明市 16 个县（市）区有志愿服务时间记录的志愿者人数占注册志愿者总人数的比例排名前 3 的为：禄劝县，100.00%；阳宗海风景区，100.00%；寻甸县，90.00%。

排名后 3 的为：石林县，61.32%；富民县，53.00%；嵩明县，28.56%。

8.《国民体质测定标准》合格以上的人数比例

2020 年昆明市 14 个县（市）区①《国民体质测定标准》合格以上的人数比例差距较大。排名第 1 的五华区和排名最后的禄劝县相差26%（见图4－8）。

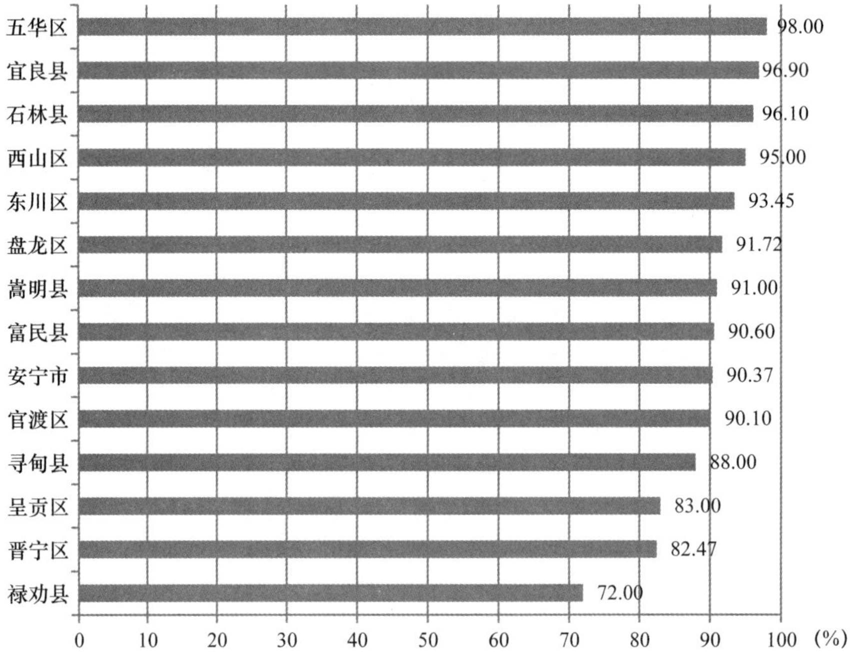

图4－8 昆明14个县（市）区、开发（度假）区《国民体质测定标准》合格以上的人数比例

2020 年昆明市 14 个县（市）区②《国民体质测定标准》合格以上的人数比例排名前 3 的为：五华区，98.00%；宜良县，96.90%；石林县，96.10%。

① 因数据缺失，经开区、阳宗海风景区不纳入计算。

② 因数据缺失，经开区、阳宗海风景区不纳入计算。

排名后 3 的为：呈贡区，83.00%；晋宁区，82.47%；禄劝县，72.00%。

三　昆明县域“社会服务”指数

（一）昆明“社会服务”总指数得分和排名

2020 年昆明县域“社会服务”指数排在第 1 名的是五华区，得分 90.78；最后 1 名是经开区，得分 58.51 分（见表 4－3）。第 1 名与最后 1 名相差 32.27 分。

表 4－3　　2020 年昆明县域“社会服务”指数得分和排名

排名	昆明下辖县（市）区	2020 年“社会服务”指数得分（分）	2020 年“社会服务”指数百分制得分（分）
1	五华区	11.49592623	90.78
2	西山区	10.96143521	88.65
3	阳宗海风景区	7.730262881	74.44
4	宜良县	7.528350548	73.47
5	官渡区	7.463490312	73.15
6	寻甸县	6.736039795	69.49
7	禄劝县	6.425845161	67.87
8	盘龙区	6.370101101	67.58
9	呈贡区	5.932574899	65.22
10	安宁市	5.652784832	63.66
11	嵩明县	5.524608819	62.93
12	东川区	5.380821239	62.11
13	石林县	5.337826294	61.86
14	晋宁区	5.319383430	61.75
15	富民县	5.262790237	61.42
16	经开区	4.775717633	58.51
	平均值	6.743622414	69.53
	百分标准值	13.94874445	100

（二）昆明县域“社会服务”指数比较分析

2020 年，县域“社会服务”指数得分排名前 3 位的分别是：五华区，得分 90.78 分；西山区，得分 88.65 分；阳宗海风景区，得分 74.44 分。

排名后 3 位的分别是：晋宁区，得分 61.75 分；富民县，得分 61.42 分；经开区，得分 58.51 分。晋宁区、富民县、经开区县域“社会服务”指数普遍低于平均值分 69.53 分，排名后 3 位。

（三）县域“社会服务”指数构成指标排序

县域“社会服务”指数构成指标主要包括“人均体育场地面积（平方米）”“医疗卫生机构床位数（张）”“每千名常住人口公共卫生人员数（人）”“生均义务教育公用经费支出（元）”“普通中学在校学生数（人）”“各种社会福利收养性单位数（个）”“行政村 4G 覆盖率（%）”7 个评价指标。

1. 人均体育场地面积

2020 年昆明市 16 个县（市）区人均体育场地面积分布非常不均衡。排名第 1 的呈贡区和排名最后的经开区相差 6.68 平方米（见图 4－9）。

2020 年昆明市 16 个县（市）区人均体育场地面积排名前 3 的为：呈贡区，7.41 平方米；西山区，2.28 平方米；富民县，2.17 平方米。

排名后 3 的为：宜良县，1.27 平方米；官渡区，1.19 平方米；经开区，0.73 平方米。

2. 医疗卫生机构床位数

2020 年昆明市 16 个县（市）区医疗卫生机构床位数呈现明显的不均衡。排名第 1 的西山区和排名最后的阳宗海风景区相差 14068 张（见图 4－10）。

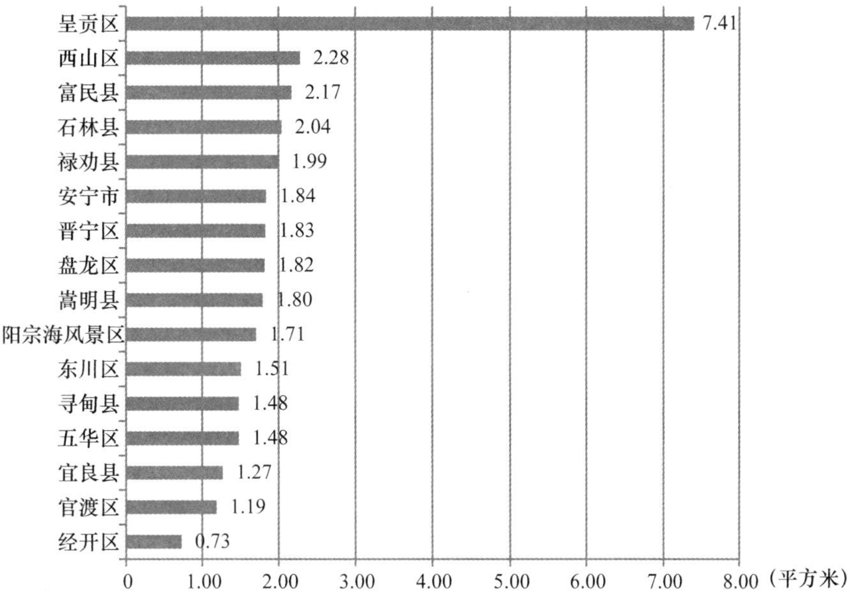

图 4－9　昆明 16 个县（市）区、开发（度假）区人均体育场地面积

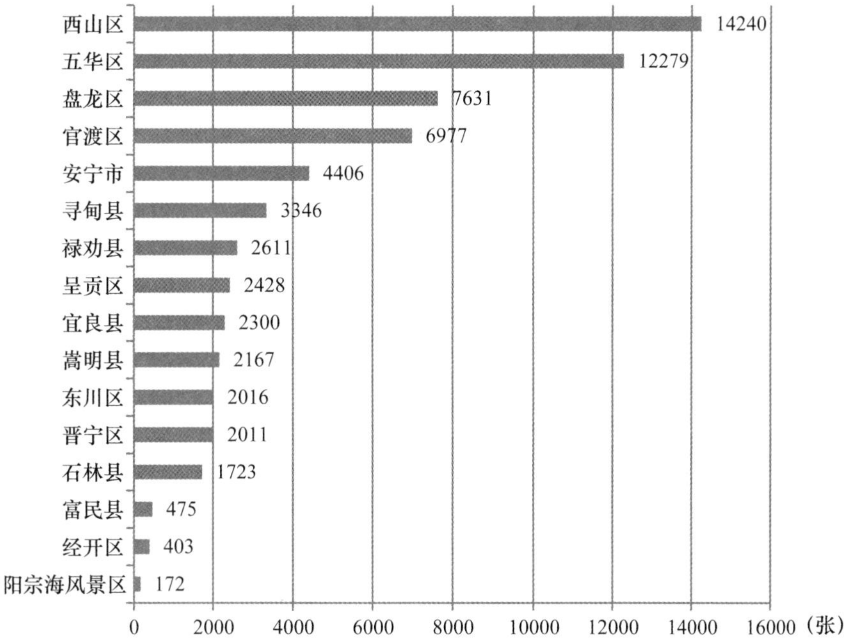

图 4－10　昆明 16 个县（市）区、开发（度假）区
医疗卫生机构床位数

2020 年昆明市 16 个县（市）区医疗卫生机构床位数排名前 3 的为：西山区，14240 张；五华区，12279 张；盘龙区，7631 张。

排名后 3 的为：富民县，475 张；经开区，403 张；阳宗海风景区，172 张。

3. 每千名常住人口公共卫生人员数

2020 年昆明市 16 个县（市）区每千名常住人口公共卫生人员数呈现非常不均衡的状态。排名第 1 的五华区和排名最后的富民县相差 59.83 人（见图 4－11）。

2020 年昆明市 16 个县（市）区每千名常住人口公共卫生人员数排名前 3 的为：五华区，60.19 人；官渡区，7.72 人；经开区，5.14 人。

排名后 3 的为：禄劝县，0.64 人；西山区，0.52 人；富民县，0.36 人。

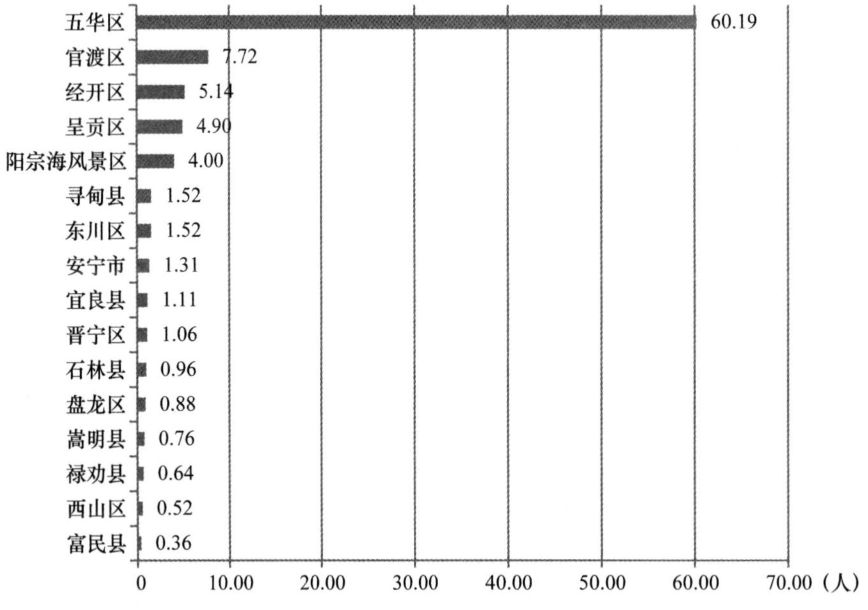

图 4－11 昆明 16 个县（市）区、开发（度假）区每千名常住人口公共卫生人员数

4. **生均义务教育公用经费支出**

2020 年昆明市 16 个县区生均义务教育公用经费支出差异显著。排名第 1 的五华区与排名最后的东川区相差 4225. 67 元（见图 4 -12）。

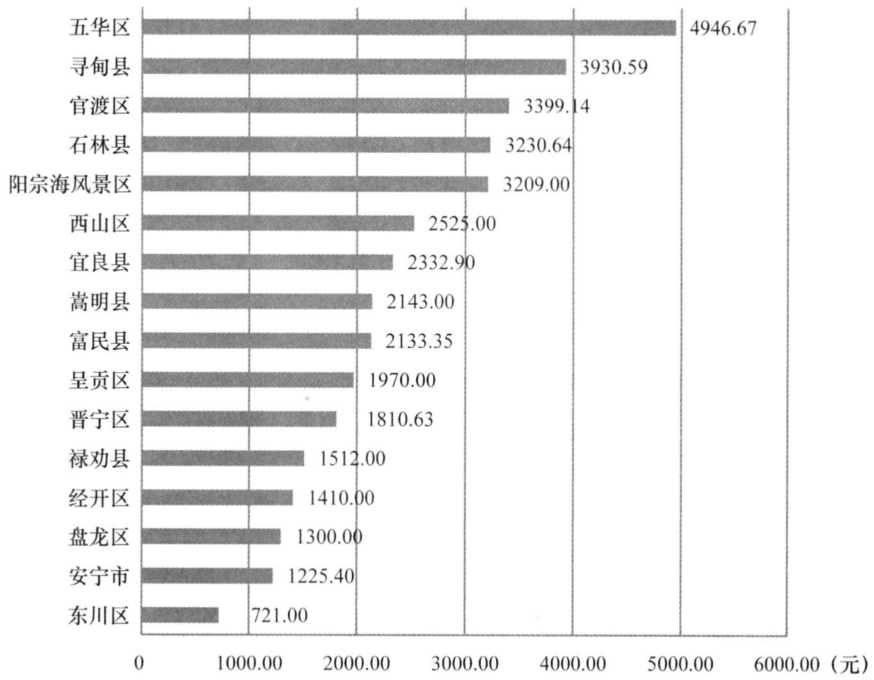

图 4 -12　昆明 16 个县（市）区、开发（度假）区生均义务教育公用经费支出

2020 年昆明市 16 个县（市）区生均义务教育公用经费支出排名前 3 的为：五华区，4946. 67 元；寻甸县，3930. 59 元；官渡区，3399. 14 元。

排名后 3 的为：盘龙区，1300. 00 元；安宁市，1225. 40 元；东川区，721. 00 元。

5. **普通中学在校学生数**

2020 年昆明市 16 个县（市）区普通中学在校学生数呈现不均衡的状态。排名第 1 的五华区和排名最后的阳宗海风景区相差 44819 人（见图 4－13）。

2020 年昆明市 16 个县（市）区普通中学在校学生数排名前 3 的为：五华区，47387 人；官渡区，47269 人；西山区，35585 人。

排名后 3 的为：晋宁区，7250 人；经开区，4592 人；阳宗海风景区，2568 人。

6. 各种社会福利收养性单位数

2020 年昆明市 16 个县区各种社会福利收养性单位数呈现不均衡的状态。西山区 26 个、阳宗海风景区 22 个、五华区 11 个，禄劝县 8 个，宜良县 5 个，寻甸县 2 个，晋宁区 2 个，富民县 1 个，东川区 1 个，盘龙区 1 个，经开区、石林县、嵩明县、安宁市、呈贡区、官渡区均为 0 个。（见图 4－14）。

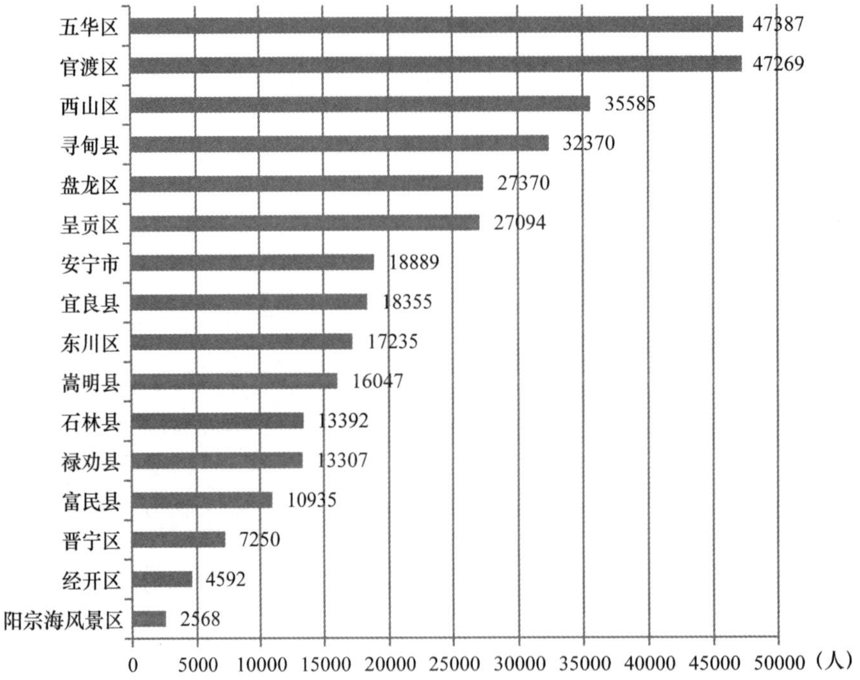

图 4－13 昆明 16 个县（市）区、开发（度假）区普通中学在校学生数

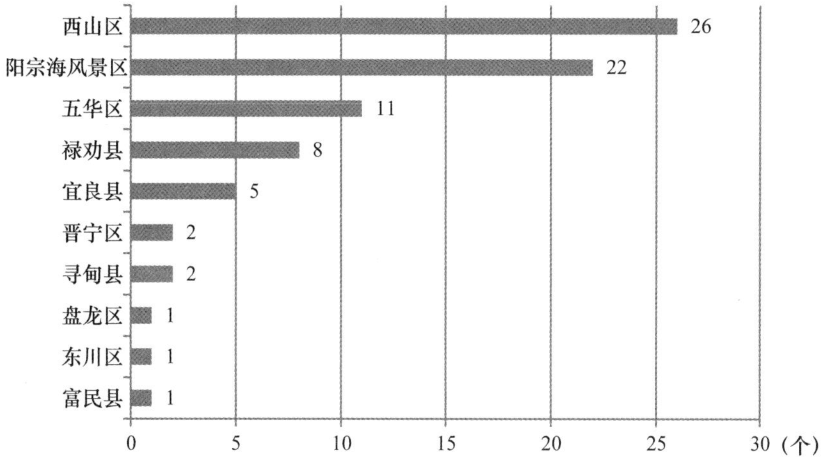

图4－14　昆明16个县（市）区、开发（度假）区各种社会福利收养性单位数

7. **行政村4G覆盖率**

2020年昆明市16个县（市）区行政村4G覆盖率均为100%（见图4－15）。

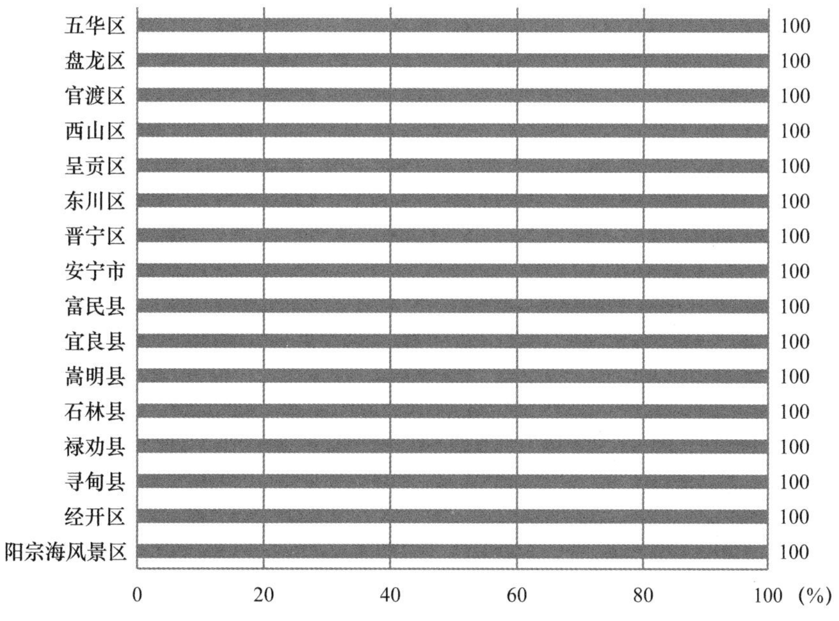

图4－15　昆明16个县（市）区、开发（度假）区行政村4G覆盖率

四　昆明县域“社会环境”指数

（一）昆明县域“社会环境”指数得分和排名

2020 年昆明县域“社会环境”指数全部在 70 分以上，其中呈贡区、官渡区、盘龙区、经开区、五华区、安宁市 6 个县（市）区在平均值 80.89 分以上，其余 10 个县（市）区均在平均值 80.89 以下。第 1 名呈贡区与最后 1 名阳宗海风景区相差 18.15 分（见表 4－4）。

表 4－4　　2020 年昆明县域“社会环境”指数得分和排名

排名	昆明下辖县（市）区	2020 年“社会环境”指数得分（分）	2020 年“社会环境”指数百分制得分（分）
1	呈贡区	12.28489486	89.63
2	官渡区	11.67613530	87.38
3	盘龙区	10.82397326	84.14
4	经开区	10.30059225	82.08
5	五华区	10.16422747	81.53
6	安宁市	10.11246354	81.32
7	西山区	9.867670383	80.33
8	禄劝县	9.842343141	80.23
9	东川区	9.829995099	80.18
10	寻甸县	9.685915405	79.59
11	石林县	9.628330128	79.35
12	宜良县	9.620062381	79.32
13	晋宁区	9.604838623	79.26
14	富民县	9.573105657	79.12
15	嵩明县	9.249856456	77.78
16	阳宗海风景区	7.812125599	71.48
	平均值	10.00478310	80.89
	百分标准值	15.29067748	100

（二）昆明县域“社会环境”指数比较分析

2020年，昆明县域“社会环境”指数得分排名前3位的分别是：呈贡区，得分89.63分；官渡区，得分87.38分；盘龙区，得分84.14分。呈贡区、官渡区、盘龙区“社会环境”指数得分均在平均值80.89分以上。

2020年昆明县域社会环境指数得分排名后3位的分别是：富民县，得分79.12分；嵩明县，得分77.78分；阳宗海风景区，得分71.48分。富民县、嵩明县、阳宗海风景区“社会环境”指数得分均低于平均值80.89分。

（三）县域“社会环境”指数构成指标排序

县域“社会环境”指数具体包括“建成区绿地率（%）”“人均公园绿地面积（平方米）”“生活垃圾无害化处理率（%）”“县城声环境功能区夜间监测总点次达标率（%）”“有无劣于Ⅴ类水体（有＝0/无＝1）”“农产品质量安全监测合格率（%）”6个评价指标。

1. 建成区绿地率

2020年昆明16个县（市）区建成区绿地率呈现不均衡状态。排名第1的官渡区和排名最后的阳宗海风景区相差15.74%（见图4－16）。

2020年昆明16个县区建成区绿地率排名前3的为：官渡区，45.53%；呈贡区，42.00%；盘龙区，40.35%。

排名后3的为：嵩明县，35.63%；石林县，35.60%；阳宗海风景区，29.79%（见图4－16）。

2. 人均公园绿地面积

2020年昆明16个县（市）区人均公园绿地面积呈现不均衡的状态。排名第1的呈贡区和排名最后的阳宗海风景区相差12.82平方米（见图4－17）。

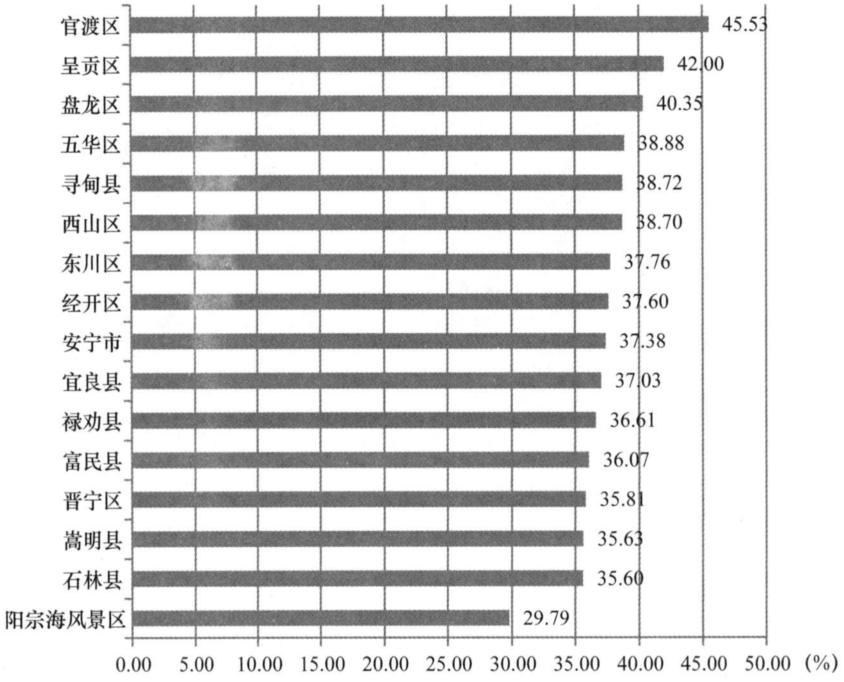

图 4-16　昆明 16 个县（市）区、开发（度假）区建成区绿地率

2020 年昆明 16 个县（市）区人均公园绿地面积排名前 3 的为：呈贡区，22.06 平方米；经开区，15.04 平方米；盘龙区，14.82 平方米。

排名后 3 的为：西山区，10.90 平方米；寻甸县，9.73 平方米；阳宗海风景区，9.24 平方米。

3. **生活垃圾无害化处理率**

2020 年昆明 16 个县（市）区生活垃圾无害化处理率，只有宜良县不到 100%，为 97.5%，其余 15 个县（市）区均达到 100%（见图 4-18）。

4. **县城声环境功能区夜间监测总点次达标率**

2020 年昆明市 14 个县（市）区①县城声环境功能区夜间监

① 因数据缺失，富民县、盘龙区不纳入计算。

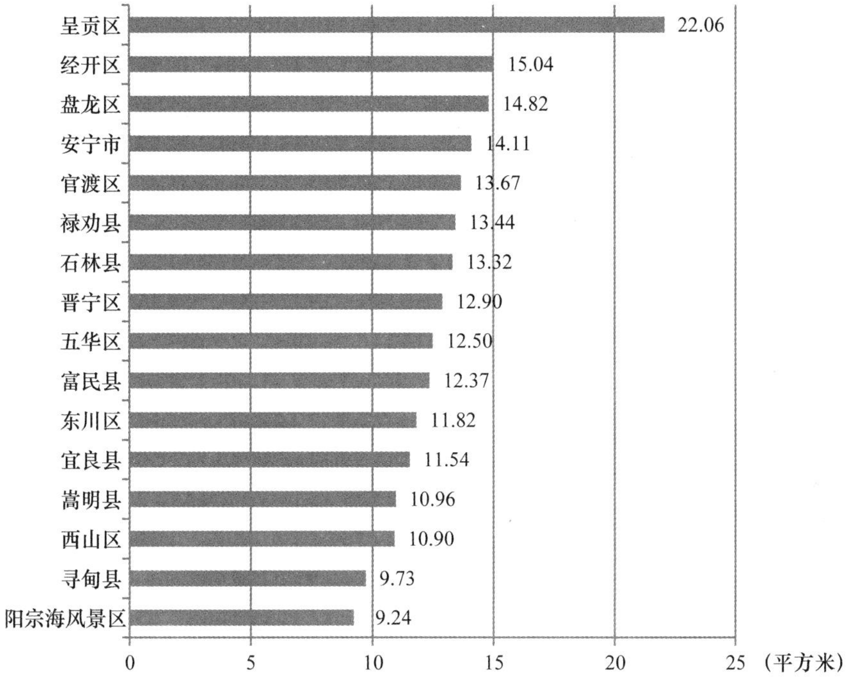

图4－17　昆明16个县（市）区、开发（度假）区人均公园绿地面积

测总点次达标率呈现不均衡的状态。五华区、西山区、呈贡区、东川区、石林县、禄劝县、阳宗海风景区均为100%。另外，有7个县（市）区没有达到100%，分别是安宁市、晋宁区，均为99.0%；宜良县，90.0%；经开区，88.9%；寻甸县，88.5%；嵩明县，75.0%；官渡区，57.7%。并列第1的五华区等和排名最后的官渡区相差42.3%（见图4－19）。

2020年昆明市14个县（市）区（盘龙区、富民县未检测）县城声环境功能区夜间监测总点次达标率（%）排名前7的五华区等均为100%。

排名后3的为：寻甸县，88.5%；嵩明县，75.0%；官渡区，57.7%。

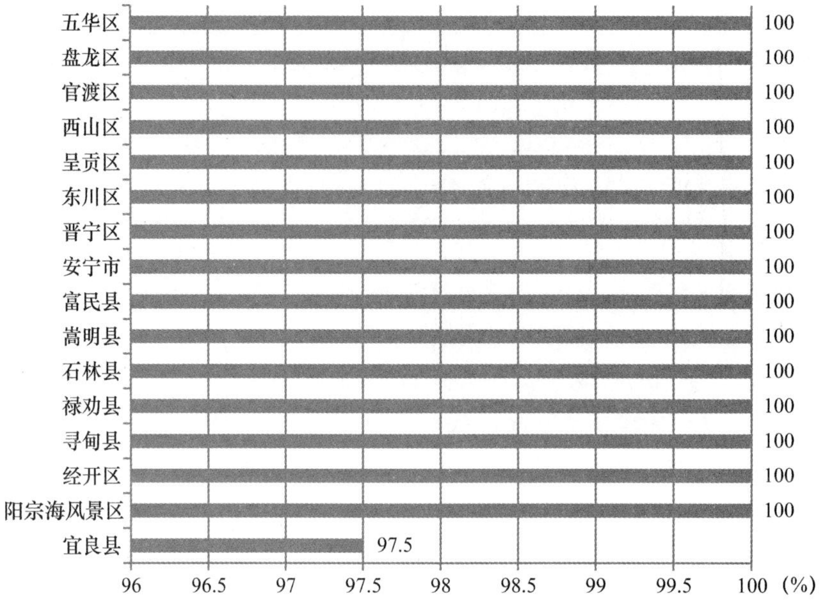

图 4－18　昆明 16 个县（市）区、开发（度假）区生活垃圾无害化处理率

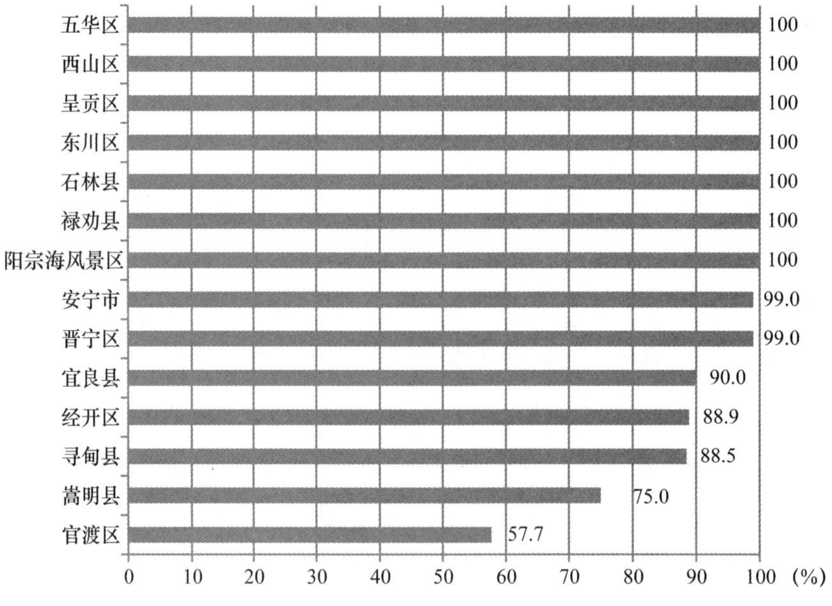

图 4－19　昆明 14 个县（市）区、开发（度假）区县城声环境功能区夜间监测总点次达标率

5. 有无劣于Ⅴ类水体（有 = 0/无 = 1）

昆明 16 个县（市）区有无劣于Ⅴ类水体呈现不均衡的状态。五华区、盘龙区、东川区、晋宁区、安宁市、富民县、石林县、经开区、阳宗海风景区均为无；官渡区、西山区、呈贡区、宜良县、嵩明县、禄劝县、寻甸县均为有（见图 4 – 20）。

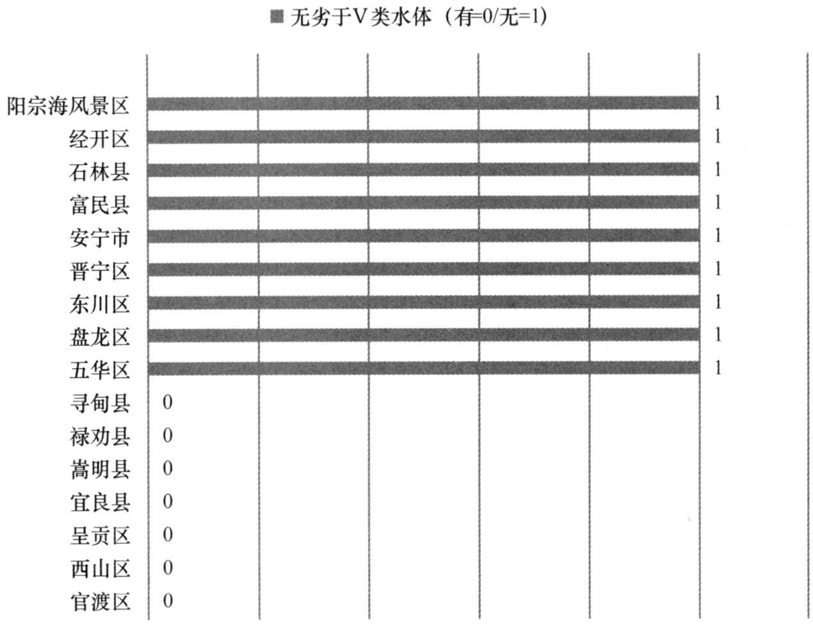

图 4 – 20　昆明 16 个县（市）区、开发（度假）区无劣于Ⅴ类水体

6. 农产品质量安全监测合格率

2020 年昆明市 16 个县（市）区农产品质量安全监测合格率均较高，最低的寻甸县也达到了 98.00%，与排名第 1 的东川区仅相差 2.00%（见图 4 – 21）。

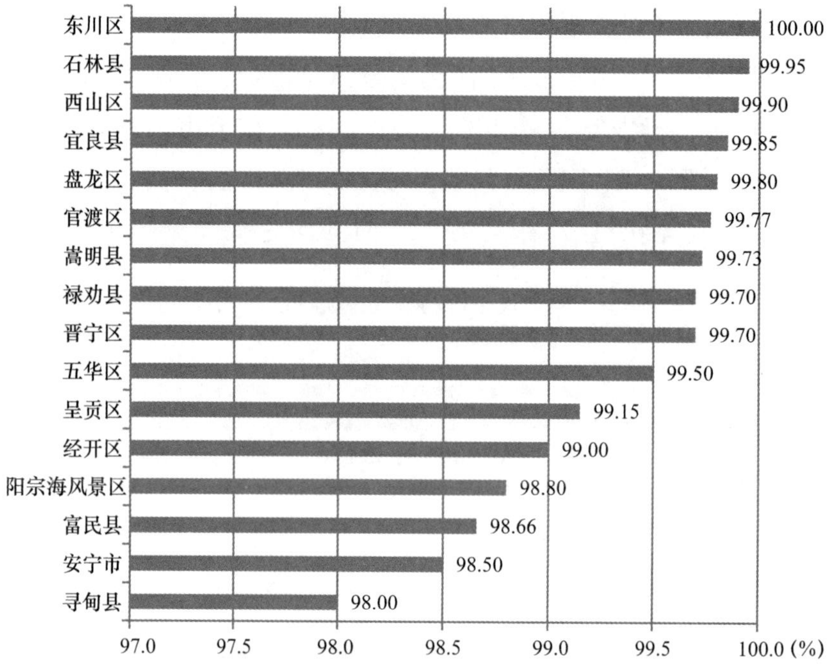

图 4－21　昆明 16 个县（市）区、开发（度假）区农产品质量安全监测合格率

2020 年昆明市 16 个县（市）区农产品质量安全监测合格率排名前 3 的为：东川区 100.00%，石林县 99.95%，西山区 99.90%。

排名后 3 的为：富民县 98.66%，安宁市 98.50%，寻甸县 98.00%。

第五章　昆明县域社会治理进步指数

昆明县域社会治理各指数得分不高，各县（市）区之间发展也不平衡，这是昆明县域社会治理的现状。但是，对昆明县域社会治理现代化实践的分析，不能仅仅停留于现状的研判，还必须通过对16个县（市）区进步指数的分析，研判各县（市）区社会治理现代化的实践趋势。

一　昆明县域社会治理综合进步指数

昆明16个县（市）区社会治理综合指数均呈进步趋势，只是进步的程度不同（见表5－1、图5－1）。

表5－1　　2018—2020年昆明县域社会治理综合进步指数

昆明下辖区、市、县	社会治理综合指数得分（分）			进步指数（相对于2018年的增长百分比,%）	
	2018年	2019年	2020年	2019年	2020年
五华区	88.14	90.47	90.70	2.64	2.90
盘龙区	80.99	82.17	82.97	1.45	2.44
官渡区	83.37	84.64	88.98	1.51	6.73
西山区	82.09	82.78	86.51	0.84	5.38
呈贡区	76.98	78.62	82.86	2.12	7.64

续表

昆明下辖区、市、县	社会治理综合指数得分（分）			进步指数（相对于2018 年的增长百分比,%）	
	2018 年	2019 年	2020 年	2019 年	2020 年
东川区	68.54	69.62	72.02	1.57	5.08
晋宁区	73.15	74.28	74.35	1.54	1.64
安宁市	77.05	78.26	77.24	1.58	0.26
富民县	71.40	72.51	73.21	1.55	2.53
宜良县	72.79	75.31	75.24	3.46	3.37
嵩明县	71.02	73.09	73.96	2.91	4.13
石林县	72.84	73.69	74.33	1.18	2.05
禄劝县	70.58	71.45	71.85	1.24	1.80
经开区	73.78	74.95	73.44	1.59	-0.45
寻甸县	69.92	70.82	76.85	1.28	9.90
阳宗海风景区	68.74	70.34	74.57	2.32	8.48

2018—2020 年昆明县域社会治理综合进步指数排名前 3 的是：寻甸县，9.90%；阳宗海风景区，8.48%；呈贡区，7.64%。排名后 3 的是：晋宁区，1.64%；安宁市，0.26%；经开区，-0.45%（见图 5-2）。

寻甸县社会治理综合指数 2018 年为 69.92 分，2019 年为 70.82 分，2020 年为 76.85 分，呈现逐年递增的趋势。相对于 2018 年寻甸县社会治理进步指数 2019 年为 1.28%，2020 年为 9.90%，逐年进步非常明显。

阳宗海风景区社会治理综合指数 2018 年为 68.74 分，2019 年为 70.34 分，2020 年为 74.57 分，逐年递增。相对于 2018 年阳宗海风景区社会治理进步指数 2019 年为 2.32%，2020 年为 8.48%，逐年进步明显。

呈贡区社会治理综合指数 2018 年为 76.98 分，2019 年为 78.62 分，2020 年为 82.86 分。相对于 2018 年呈贡区社会治理进步指数 2019 年为 2.12%，2020 年为 7.64%，进步明显。

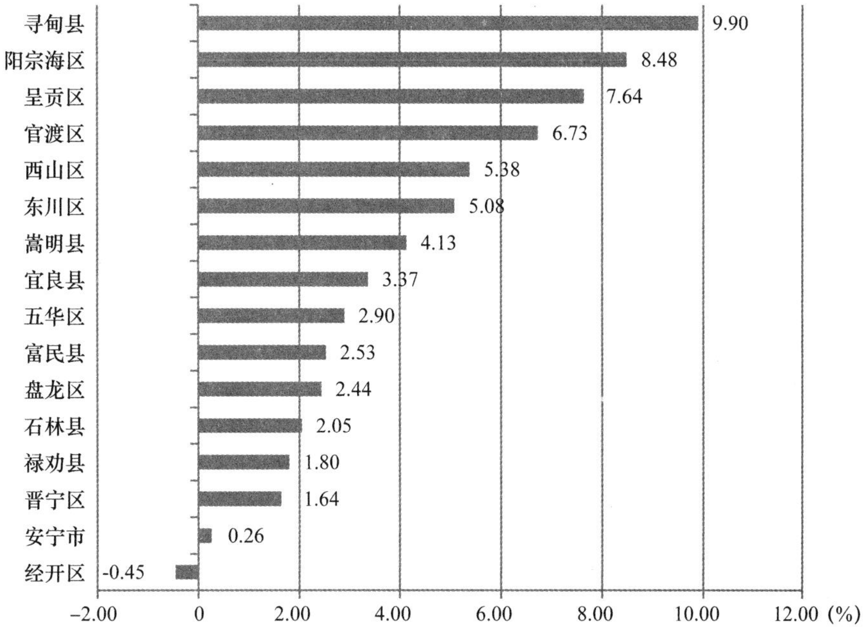

图 5－1　2018—2020 年昆明县域社会治理综合进步指数

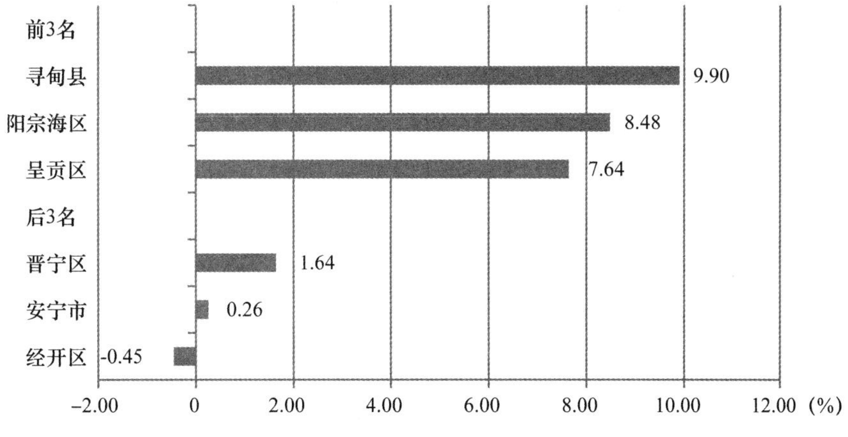

图 5－2　2018—2020 年昆明县域社会治理综合进步指数前 3 名与后 3 名

晋宁区社会治理综合指数 2018 年为 73.15 分，2019 年为 74.28 分，2020 年为 74.35 分，呈现逐年递增的趋势。相对于 2018 年晋宁区社会治理进步指数 2019 年为 1.54%，2020 年为

1.64%，逐年进步。

安宁市社会治理综合指数 2018 年为 77.05 分，2019 年为 78.26 分，2020 年为 77.24 分，呈现先升后降的趋势。相对于 2018 年安宁市社会治理进步指数 2019 年为 1.58%，2020 年为 0.26%，逐年退步。

经开区社会治理综合指数 2018 年为 73.78 分，2019 年为 74.95 分，2020 年为 73.44 分，呈现先升后降的趋势。相对于 2018 年经开区社会治理进步指数 2019 年为 1.59%，2020 年为 -0.45%，逐年退步。

二 昆明县域“社会活力”进步指数

（一）“社会活力”进步指数得分排名

2020 年昆明县域“社会活力”进步指数整体呈现进步的良好趋势。但是各县（市）区“社会活力”进步指数分布并不均衡，“社会活力”进步指数按照从大到小的顺序依次为寻甸县为 31.46%，呈贡区为 15.53%，东川区为 12.93%，官渡区为 8.53%，阳宗海风景区为 7.97%，嵩明县为 7.83%，富民县为 5.97%，宜良县为 5.88%，五华区为 5.56%，西山区为 5.19%，石林县为 5.02%，晋宁区为 4.29%，盘龙区为 4.17%，禄劝县为 3.98%，安宁市为 -1.57%，经开区为 -12.41%。第 1 名寻甸县与最后 1 名经开区相差 43.87%（见表 5-2、图 5-3）。

表 5-2 2018—2020 年昆明县域“社会活力”指数百分制得分和进步指数

昆明下辖区、市、县	“社会活力”指数得分（分）			进步指数（相对于2018 年的增长百分比，%）	
	2018 年	2019 年	2020 年	2019 年	2020 年
五华区	87.57	90.65	92.44	3.52	5.56
盘龙区	83.46	85.93	86.94	2.96	4.17

续表

昆明下辖区、市、县	“社会活力”指数得分（分）			进步指数（相对于2018年的增长百分比,%）	
	2018年	2019年	2020年	2019年	2020年
官渡区	87.19	89.95	94.63	3.17	8.53
西山区	83.32	84.62	87.65	1.56	5.19
呈贡区	75.74	78.53	87.50	3.69	15.53
东川区	59.81	62.02	67.54	3.70	12.93
晋宁区	72.05	75.19	75.14	4.36	4.29
安宁市	78.79	81.29	77.55	3.18	-1.57
富民县	68.70	71.39	72.81	3.91	5.97
宜良县	69.72	72.07	73.82	3.37	5.88
嵩明县	67.85	70.65	73.16	4.13	7.83
石林县	70.95	73.28	74.51	3.28	5.02
禄劝县	62.74	64.79	65.24	3.26	3.98
寻甸县	61.62	63.95	81.00	3.79	31.46
经开区	75.91	78.10	66.49	2.88	-12.41
阳宗海风景区	70.07	72.45	75.65	3.40	7.97

（二）“社会活力”进步指数前3名与后3名

2020年昆明县域“社会活力”进步指数居于前3位的是寻甸县31.46%、呈贡区15.53%、东川区12.93%。2020年昆明县域“社会活力”进步指数居于后3位的是禄劝县3.98%、安宁市为-1.57%、经开区-12.41%（见图5-4）。

寻甸县相对于2018年，2020年“社会活力”进步指数为31.46%。在16个县（市）区中2019年“社会活力”进步指数排名第1，相比较2019年“社会活力”进步指数的排名第4，前进3名。

呈贡区相对于2018年，2020年“社会活力”进步指数为15.53%。在16个县（市）区中2020年“社会活力”进步指数排名第2，相对于2019年“社会活力”进步指数排名第6，前进4名。

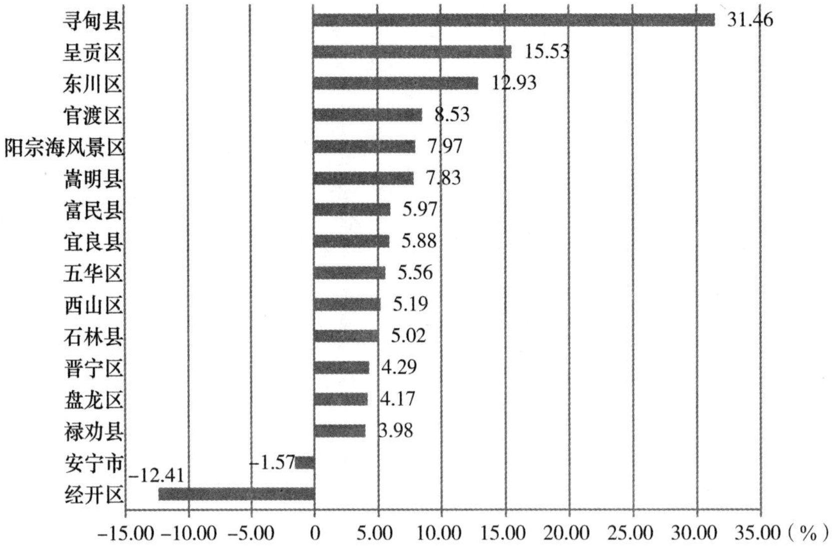

图 5-3 2018—2020 年昆明县域"社会活力"进步指数排名

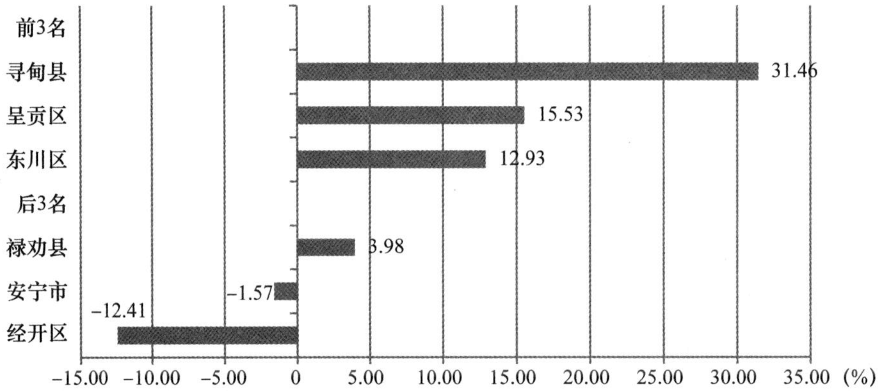

图 5-4 2018—2020 年昆明县域"社会活力"进步指数前 3 名与后 3 名

东川区相对于 2018 年，2020 年“社会活力”进步指数为 12.93%，在 16 个县（市）区中排名第 3。相比较 2019 年“社会活力”进步指数的排名第 5，前进了 2 名。

禄劝县在 16 个县（市）区中 2020 年“社会活力”进步指数排名倒数第 3。相比较 2019 年“社会活力”进步指数的排名倒数第 6，退后 3 名。

安宁市在16个县（市）区中2020年“社会活力”进步指数排名倒数第2，相比较2019年“社会活力”进步指数的排名第5，退后3名。

经开区在16个县（市）区中2020年“社会活力”进步指数排名倒数第1，相比较2018年“社会活力”进步指数的排名倒数第2，退后1名。

三 昆明县域“社会服务”进步指数

（一）“社会服务”进步指数得分排名

2019年昆明县域“社会服务”进步指数绝大部分呈现进步的良好趋势。但是各县（市）区“社会服务”进步指数有升有降，分布并不均衡。“社会服务”进步指数按照从大到小的顺序依次为阳宗海风景区为30.93%，西山区为24.35%，经开区为23.07%，官渡区为7.39%，呈贡区为5.95%，五华区为3.42%，石林县为2.30%，东川区为2.23%，晋宁区为2.01%，盘龙区为1.83%，富民县为1.38%，安宁市为0.73%，嵩明县为0.46%，禄劝县为-0.58%，宜良县为-5.43%，寻甸县为-10.66%。第1名阳宗海风景区与最后1名寻甸县相差41.59%（见表5-3、图5-5）。

表5-3 2018—2020年昆明县域“社会服务”指数百分制得分和进步指数

昆明下辖区、市、县	“社会服务”指数得分（分）			进步指数（相对于2018年的增长百分比,%）	
	2018年	2019年	2020年	2019年	2020年
五华区	87.78	94.11	90.78	7.21	3.42
盘龙区	66.36	66.68	67.58	0.48	1.83
官渡区	68.11	68.32	73.15	0.31	7.39
西山区	71.29	71.75	88.65	0.64	24.35

续表

昆明下辖区、市、县	“社会服务”指数得分（分）			进步指数（相对于2018 年的增长百分比,%）	
	2018 年	2019 年	2020 年	2019 年	2020 年
呈贡区	61.56	63.17	65.22	2.63	5.95
东川区	60.76	60.78	62.11	0.04	2.23
晋宁区	60.54	60.51	61.75	-0.04	2.01
安宁市	63.20	63.56	63.66	0.58	0.73
富民县	60.59	60.81	61.42	0.36	1.38
宜良县	77.69	79.76	73.47	2.66	-5.43
嵩明县	62.65	62.76	62.93	0.19	0.46
石林县	60.47	60.43	61.86	-0.06	2.30
禄劝县	68.27	68.25	67.87	-0.04	-0.58
寻甸县	65.49	65.69	58.51	0.30	-10.66
经开区	56.47	56.70	69.49	0.41	23.07
阳宗海风景区	56.86	56.78	74.44	-0.14	30.93

（二）“社会服务”进步指数前 3 名与后 3 名

2020 年昆明县域“社会服务”进步指数居于前 3 位的是阳宗海风景区 30.93%、西山区 24.35%、经开区 23.07%。

2020 年昆明县域“社会服务”进步指数居于后 3 位的是禄劝县 -0.58%、宜良县 -5.43%、寻甸县 -10.66%（见图 5-6）。

阳宗海风景区相对于 2018 年 2020 年“社会服务”进步指数为 30.93%，排名第 1。相比较 2019 年“社会服务”进步指数的排名倒数第 1，一跃升至第 1，进步非常明显。

西山区相对于 2018 年 2020 年“社会服务”进步指数为 24.35%，排名第 2。相比较 2019 年“社会服务”进步指数的排名第 4，前进了 2 名。

经开区相对于 2018 年 2020 年“社会服务”进步指数为 23.07%，排名第 3。相比较 2019 年“社会服务”进步指数的排名第 7，前进了 4 名。

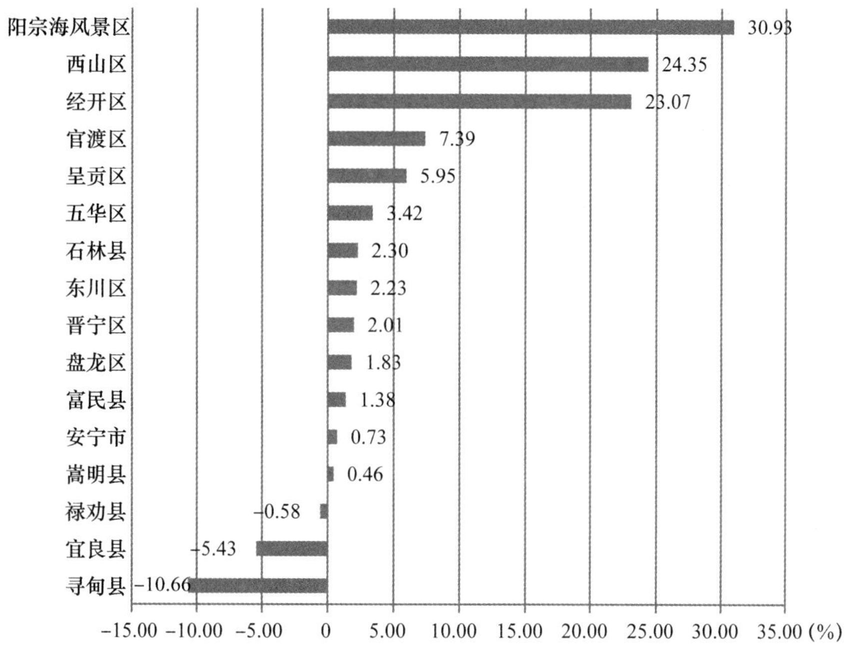

图 5－5　2018—2020 年昆明县域“社会服务”进步指数排名

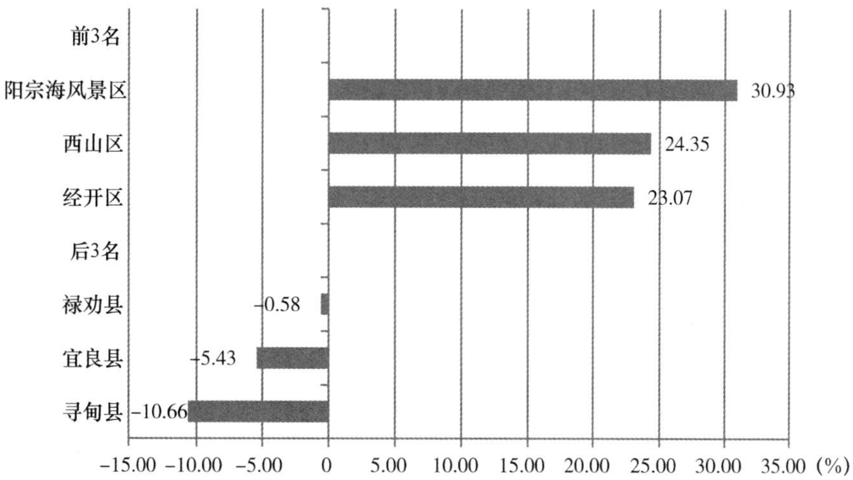

图 5－6　2018—2020 年昆明县域“社会服务”进步指数前 3 名与后 3 名

禄劝县相对于 2018 年，2020 年“社会服务”进步指数为－0.58%，排名倒数第 3。相比较 2019 年“社会服务”进步指数的排名倒数第 4，退后 1 名。

宜良县相对于 2018 年，2020 年“社会服务”进步指数为 -5.43%，排名倒数第 2。相比较 2019 年，“社会服务”进步指数的排名第 2，退后 13 名。

寻甸县相对于 2018 年，2020 年“社会服务”进步指数为 -10.66%，排名倒数第 1。相比较 2019 年，“社会服务”进步指数的排名倒数第 7，退后 6 名。

四　昆明县域“社会环境”进步指数

（一）“社会环境”进步指数得分排名

2020 年昆明县域“社会环境”进步指数大部分呈现进步的良好趋势。但是各县（市）区“社会环境”进步指数分布不均衡，各县（市）区“社会环境”进步指数按照从大到小的顺序依次为阳宗海风景区为 11.52%，寻甸县为 8.49%，官渡区为 3.96%，嵩明县为 2.18%，东川区为 1.47%，禄劝县为 0.92%，五华区为 0.67%，安宁市为 0.66%，盘龙区为 0.43%，富民县为 0.36%，晋宁区为 0.13%，宜良县为 0.09%，呈贡区为 -0.01%，西山区为 -0.04%，石林县为 -0.20%，经开区为 -0.86%。第 1 名阳宗海风景区与最后 1 名经开区相差 12.38%（见表 5-4、图 5-7）。

表 5-4　2018—2020 年昆明县域“社会环境”指数百分制得分和进步指数

昆明下辖区、市、县	“社会环境”指数得分（分）			进步指数（相对于2018 年的增长百分比,%）	
	2018 年	2019 年	2020 年	2019 年	2020 年
五华区	80.99	81.34	81.53	0.44	0.67
盘龙区	83.77	84.00	84.14	0.27	0.43
官渡区	84.06	84.11	87.38	0.06	3.96

续表

昆明下辖区、市、县	"社会环境"指数得分（分）			进步指数（相对于2018年的增长百分比,%）	
	2018 年	2019 年	2020 年	2019 年	2020 年
西山区	80.36	80.34	80.33	-0.03	-0.04
呈贡区	89.64	89.62	89.63	-0.02	-0.01
东川区	79.02	79.6	80.18	0.73	1.47
晋宁区	79.15	78.29	79.26	-1.08	0.13
安宁市	80.79	81.12	81.32	0.40	0.66
富民县	78.84	78.83	79.12	-0.01	0.36
宜良县	79.25	79.55	79.32	0.38	0.09
嵩明县	76.12	80.67	77.78	5.98	2.18
石林县	79.51	79.35	79.35	-0.20	-0.20
禄劝县	79.50	79.64	80.23	0.19	0.92
寻甸县	75.65	75.70	82.08	0.06	8.49
经开区	80.28	81.25	79.59	1.20	-0.86
阳宗海风景区	64.09	68.78	71.48	7.31	11.52

（二）"社会环境"进步指数前 3 名与后 3 名

2020 年昆明县域"社会环境"进步指数居于前 3 名的是阳宗海风景区 11.52%，寻甸县 8.49%，官渡区 3.96%。

2020 年昆明县域"社会环境"进步指数居于后 3 名的是西山区 -0.04%，石林县 -0.20%，经开区 -0.86%（见图 5-8）。

阳宗海风景区相对于 2018 年，2020 年"社会环境"进步指数为 11.52%，排名第 1。相比较 2019 年"社会环境"进步指数排名第 1，两者持平。

寻甸县相对于 2018 年，2020 年"社会环境"进步指数为 8.49%，排名第 2。相比较 2019 年"社会环境"进步指数排名第 10，前进了 8 名。

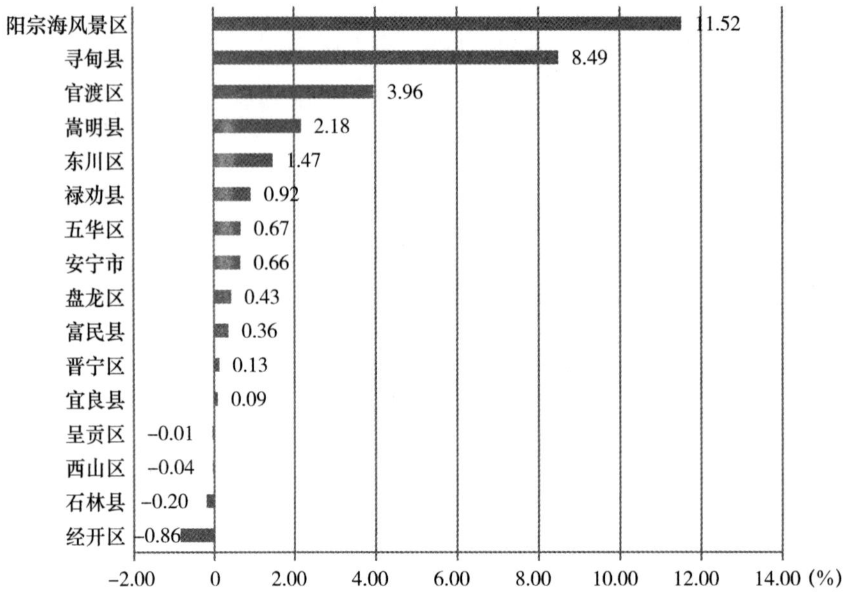

图 5－7　2018—2020 年昆明县域“社会环境”进步指数排名

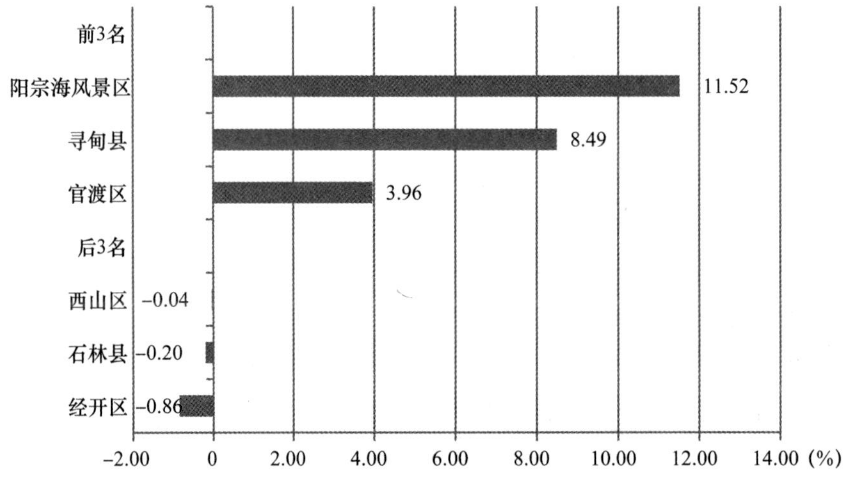

图 5－8　2018—2020 年昆明县域“社会环境”进步指数前三名与后三名

官渡区相对于 2018 年，2020 年“社会环境”进步指数为 3.96%，排名第 3，相比较 2019 年“社会环境”进步指数排名第 10，前进了 7 名。

西山区相对于 2018 年，2020 年“社会环境”进步指数为 -0.04%，排名倒数第 3。相比较 2019 年“社会环境”进步指数排名倒数第 3，两者持平。

石林县相对于 2018 年，2020 年“社会环境”进步指数为 -0.20%，排名倒数第 2。相比较 2019 年“社会环境”进步指数排名倒数第 2，两者持平。

经开区相对于 2018 年，2020 年“社会环境”进步指数为 -0.86%，排名倒数第 1。相比较 2019 年“社会环境”进步指数排名第 3，退后 13 名。

第六章　昆明县域社会治理若干指标比较分析

在分析昆明县域社会治理综合指数之后，本章根据可比较原则，把2019年昆明的7个县（市）的21个指标中的部分核心指标，与全国各地区的部分县（市）作一些深入比较分析，从中可窥见昆明县域社会治理现代化在全国的水平。

一　昆明与全国东部地区部分县（市）的比较

（一）地区生产总值（万元）

2019年，昆明市的7个县（市）和东部地区50个县（市）的地区生产总值排名比较如下：

安宁市为第7名，宜良县为第29名，嵩明县为第36名，禄劝县为第38名，寻甸县为第39名，石林县为第42名，富民县为第47名，以上7个县（市）与排名第1的江苏省南通市的如东县，地区生产总值分别相差了4782800万元、8490670万元、9067404万元、9199699万元、9203899万元、9380606万元、9534108万元。

由此可见，昆明市的7个县（市）中，除了安宁市排名比较靠前以外，其余6个县与东部地区的50个县（市）相比，均处于中等偏下水平。

表 6－1　　2019 年昆明市 7 个县（市）和东部地区 50 个县（市）地区生产总值排名

排序	县（区）名	地区生产总值（万元）
1	如东县	10534200
2	沛县	7779600
3	宁海县	7010784
4	睢宁县	6126700
5	桓台县	6115190
6	广饶县	5892214
7	安宁市	5751400
8	象山县	5485892
9	仙游县	5335232
10	东海县	5262900
11	平阳县	5102936
12	丰县	4682300
13	永嘉县	4445229
14	桐庐县	3863850
15	灌南县	3816500
16	遂溪县	3755926
17	灌云县	3591900
18	苍南县	3517044
19	澄迈县	3301791
20	闽清县	3291659
21	罗源县	3034011
22	平潭县	2828500
23	永泰县	2826168
24	正定县	2803873
25	沂源县	2602797
26	淳安县	2544966
27	平阴县	2231664

续表

排序	县（区）名	地区生产总值（万元）
28	利津县	2214581
29	宜良县	2043530
30	临高县	1953986
31	徐闻县	1899289
32	陵水县	1831956
33	高青县	1763725
34	商河县	1629800
35	清流县	1471784
36	嵩明县	1466796
37	乐东县	1443459
38	禄劝县	1334501
39	寻甸县	1330301
40	昌江县	1263176
41	行唐县	1158550
42	石林县	1153594
43	明溪县	1073379
44	文成县	1049093
45	定安县	1044176
46	灵寿县	1022396
47	富民县	1000092
48	翁源县	987941
49	井陉县	969420
50	仁化县	943450
51	屯昌县	856455
52	赞皇县	775381
53	始兴县	775110
54	深泽县	711374
55	新丰县	689772

续表

排序	县（区）名	地区生产总值（万元）
56	高邑县	682035
57	南澳县	293289

（二）居民储蓄存款余额（亿元）

2019 年昆明市的 7 个县（市）和东部地区 50 个县（市）的居民储蓄存款余额排名比较如下：

安宁市为第 17 名，宜良县为第 24 名，嵩明县为第 34 名，寻甸县为第 40 名，禄劝县为第 48 名，石林县为第 49 名，富民县为第 54 名，以上 7 个县（市）与排名第 1 的江苏省南通市的如东县，居民储蓄存款余额分别相差了 544.69 亿元、608.08 亿元、653.05 亿元、672.37 亿元、701.90 亿元、703.41 亿元、719.81 亿元。

由此可见，昆明市的 7 个县（市）中，除了安宁市和宜良县处于中等偏上水平以外，其余 5 个县与东部地区的 50 个县（市）相比均处于中等偏下水平，排名靠后的富民县处于倒数第 4 名的水平。

表 6－2 2019 年昆明市 7 个县（市）和东部地区 50 个县（市）居民储蓄存款余额排名

排序	县（区）名	居民储蓄存款余额（亿元）
1	如东县	783.78
2	永嘉县	531.02
3	苍南县	500.88
4	平阳县	456.74
5	正定县	442.01
6	沛县	411.58
7	睢宁县	380.99

续表

排序	县（区）名	居民储蓄存款余额（亿元）
8	宁海县	355.75
9	丰县	341.05
10	象山县	333.57
11	广饶县	330.95
12	仙游县	325.98
13	东海县	308.64
14	桓台县	244.07
15	桐庐县	240.10
16	文成县	239.47
17	安宁市	239.09
18	平潭县	237.77
19	遂溪县	223.12
20	沂源县	206.02
21	灌云县	201.94
22	淳安县	195.26
23	徐闻县	187.81
24	宜良县	175.70
25	行唐县	174.18
26	商河县	167.10
27	平阴县	154.39
28	井陉县	151.00
29	灌南县	150.20
30	灵寿县	146.49
31	澄迈县	140.03
32	高青县	138.74
33	闽清县	133.09
34	嵩明县	130.73
35	深泽县	130.22

续表

排序	县（区）名	居民储蓄存款余额（亿元）
36	翁源县	129.25
37	乐东县	128.28
38	利津县	119.33
39	陵水县	117.95
40	寻甸县	111.41
41	永泰县	108.40
42	赞皇县	102.37
43	临高县	95.53
44	定安县	92.68
45	罗源县	92.45
46	始兴县	87.87
47	高邑县	82.26
48	禄劝县	81.88
49	石林县	80.37
50	仁化县	78.18
51	新丰县	68.47
52	屯昌县	67.80
53	昌江县	66.95
54	富民县	63.97
55	明溪县	51.26
56	清流县	43.38
57	南澳县	27.17

（三）普通中学在校学生数（人）

2019年，昆明市的7个县（市）和东部地区50个县（市）的普通中学在校学生数排名比较如下：

寻甸县为第12名，宜良县为第28名，安宁市为第29名，嵩明县为第35名，禄劝县为第39名，石林县为第42名，富民县为第 50 名，以上 7 个县（市）与排名第 1 的江苏省连云港市的东海县，普通中学在校学生数分别相差了 40761 人、56083 人、56104 人、57867 人、59391 人、59959 人、63857 人。

由此可见，昆明市的 7 个县（市）中，除了寻甸县排名比较靠前以外，其余 6 个县（市）与东部地区的 50 个县（市）相比，均处于中等偏下水平，排名靠后的富民县处于倒数第 8 名的水平。

表 6－3　2019 年昆明市 7 个县（市）和东部地区 50 个县（市）的普通中学在校学生数排名

排序	县（区）名	普通中学在校学生数（人）
1	东海县	74227
2	沛县	58335
3	睢宁县	58205
4	仙游县	55567
5	丰县	51002
6	平阳县	44665
7	苍南县	44552
8	永嘉县	44347
9	灌云县	43953
10	遂溪县	38581
11	灌南县	38072
12	寻甸县	33466
13	广饶县	31348
14	宁海县	31200
15	桓台县	30859
16	沂源县	30257
17	商河县	28278
18	乐东县	27394
19	临高县	27236

续表

排序	县（区）名	普通中学在校学生数（人）
20	正定县	27074
21	如东县	24090
22	徐闻县	24014
23	澄迈县	23618
24	象山县	22600
25	行唐县	21995
26	平潭县	20729
27	高青县	19314
28	宜良县	18144
29	安宁市	18123
30	陵水县	18046
31	灵寿县	17463
32	桐庐县	16774
33	平阴县	16744
34	利津县	16421
35	嵩明县	16360
36	翁源县	16033
37	定安县	15269
38	井陉县	14960
39	禄劝县	14836
40	屯昌县	14316
41	淳安县	14273
42	石林县	14268
43	永泰县	13782
44	昌江县	13659
45	闽清县	13395
46	赞皇县	11746
47	新丰县	11221

续表

排序	县（区）名	普通中学在校学生数（人）
48	始兴县	10795
49	高邑县	10717
50	富民县	10370
51	仁化县	10353
52	文成县	10233
53	罗源县	9578
54	深泽县	8869
55	清流县	6365
56	明溪县	3748
57	南澳县	1831

（四）医疗卫生机构床位数（张）

2019 年，昆明市的 7 个县（市）和东部地区 50 个县（市）的医疗卫生机构床位数排名比较如下：

安宁市为第 4 名，寻甸县为第 16 名，禄劝县为第 18 名，宜良县为第 24 名，嵩明县为第 30 名，石林县为第 32 名，富民县为第 51 名，以上 7 个县（市）与排名第 1 的江苏省徐州市的沛县，医疗卫生机构床位数分别相差了 1390 张、2851 张、3030 张、3487 张、3893 张、4090 张、4949 张。

由此可见，昆明市的 7 个县（市）中，安宁市排名第 4，与东部地区的 50 个县（市）相比处于领先水平，寻甸县、禄劝县和宜良县处于中等偏上水平，嵩明县和石林县处于中等偏下水平，排名靠后的富民县处于倒数第 7 名的水平。

表 6－4　2019 年昆明市 7 个县（市）和东部地区 50 个县（市）医疗卫生机构床位数排名

排序	县（区）名	医疗卫生机构床位数（张）
1	沛县	5794
2	睢宁县	5322
3	东海县	4752
4	安宁市	4404
5	灌云县	4385
6	如东县	4071
7	仙游县	4057
8	桓台县	4029
9	丰县	4023
10	平阳县	3842
11	灌南县	3814
12	苍南县	3734
13	遂溪县	3224
14	宁海县	3217
15	徐闻县	3045
16	寻甸县	2943
17	广饶县	2784
18	禄劝县	2764
19	沂源县	2520
20	平阴县	2490
21	桐庐县	2437
22	商河县	2434
23	象山县	2406
24	宜良县	2307
25	淳安县	2222
26	正定县	2195
27	澄迈县	2042

续表

排序	县（区）名	医疗卫生机构床位数（张）
28	永嘉县	1971
29	行唐县	1932
30	嵩明县	1901
31	翁源县	1771
32	石林县	1704
33	灵寿县	1628
34	闽清县	1482
35	井陉县	1460
36	乐东县	1454
37	平潭县	1406
38	高青县	1386
39	罗源县	1198
40	陵水县	1189
41	永泰县	1174
42	赞皇县	1171
43	利津县	1121
44	临高县	1092
45	屯昌县	1082
46	新丰县	1042
47	定安县	1012
48	深泽县	946
49	始兴县	901
50	昌江县	875
51	富民县	845
52	文成县	831
53	仁化县	780
54	高邑县	725
55	清流县	590

续表

排序	县（区）名	医疗卫生机构床位数（张）
56	明溪县	504
57	南澳县	140

二　昆明与全国中部地区部分县（市）的比较

（一）地区生产总值（万元）

2019年，昆明市的7个县（市）和中部地区50个县（市）的地区生产总值排名比较如下：

安宁市为第5名，宜良县为第26名，嵩明县为第35名，禄劝县为第38名，寻甸县为第39名，石林县为第42名，富民县为第45名，以上7个县（市）与排名第1的湖南省长沙市的长沙县，地区生产总值分别相差了11348245万元、15056115万元、15632849万元、15765144万元、15769344万元、15946051万元、16099553万元。

由此可见，昆明市的7个县（市）中，除了安宁市排名第5，与中部地区的50个县（市）相比处于领先水平以外，其余6个县均处于中等偏下水平。

表6－5　昆明市7个县（市）和中部地区50个县（市）地区生产总值排名

排序	县（区）名	地区生产总值（万元）
1	长沙县	17099645
2	肥西县	8038646
3	肥东县	6556850
4	长丰县	6014159
5	安宁市	5751400
6	新安县	5018906
7	无为县	4869985

续表

排序	县（区）名	地区生产总值（万元）
8	湘潭县	4849792
9	庐江县	4578248
10	怀远县	4371924
11	尉氏县	4369800
12	攸县	3971815
13	兰考县	3898655
14	杞县	3562100
15	衡阳县	3489389
16	衡南县	3410924
17	孟津县	3281437
18	芜湖县	3153963
19	繁昌县	2984775
20	通许县	2863800
21	南陵县	2727406
22	栾川县	2675506
23	修水县	2470033
24	永修县	2427512
25	茶陵县	2153478
26	宜良县	2043530
27	嵩县	1983710
28	清徐县	1919297
29	远安县	1817910
30	武宁县	1682167
31	横山县	1647912
32	秭归县	1644916
33	上栗县	1633764
34	长阳县	1593786
35	嵩明县	1466796

续表

排序	县（区）名	地区生产总值（万元）
36	德安县	1433507
37	浮梁县	1362240
38	禄劝县	1334501
39	寻甸县	1330301
40	兴山县	1305847
41	房县	1195630
42	石林县	1153594
43	竹山县	1152801
44	芦溪县	1086697
45	富民县	1000092
46	郧西县	925532
47	炎陵县	855928
48	竹溪县	845431
49	左云县	674540
50	莲花县	606994
51	阳高县	509886
52	阳曲县	508696
53	灵丘县	505072
54	浑源县	488468
55	广灵县	410714
56	天镇县	368802
57	娄烦县	247637

（二）居民储蓄存款余额（亿元）

2019 年，昆明市的 7 个县（市）和中部地区 50 个县（市）的居民储蓄存款余额排名比较如下：

安宁市为第 11 名，宜良县为第 21 名，嵩明县为第 32 名，寻甸县为第 38 名，禄劝县为第 46 名，石林县为第 47 名，富民县为第 55 名，以上 7 个县（市）与排名第 1 的湖南省长沙市的长沙县，居民储蓄存款余额分别相差了 384.11 亿元、447.50 亿元、492.47 亿元、511.79 亿元、541.32 亿元、542.83 亿元、559.23 亿元。

由此可见，昆明市的 7 个县（市）中，除了安宁市和宜良县处于中等偏上水平以外，其余 5 个县与中部地区的 50 个县（市）相比均处于中等偏下水平，排名靠后的富民县处于倒数第 3 名的水平。

表 6－6　2019 昆明市 7 个县（市）和中部地区 50 个县（市）居民储蓄存款余额排名

排序	县（区）名	居民储蓄存款余额（亿元）
1	长沙县	623.20
2	无为县	405.60
3	庐江县	373.19
4	肥西县	370.68
5	湘潭县	360.80
6	肥东县	344.06
7	衡阳县	330.23
8	衡南县	255.23
9	攸县	245.76
10	怀远县	244.23
11	安宁市	239.09
12	长丰县	225.88
13	南陵县	222.14
14	兰考县	220.57
15	杞县	215.11
16	茶陵县	203.30
17	尉氏县	202.65
18	清徐县	197.05

续表

排序	县（区）名	居民储蓄存款余额（亿元）
19	芜湖县	180.26
20	繁昌县	178.00
21	宜良县	175.70
22	郧西县	169.07
23	修水县	166.19
24	通许县	157.65
25	新安县	154.21
26	嵩县	146.14
27	孟津县	146.08
28	房县	145.00
29	长阳县	135.38
30	横山县	134.58
31	永修县	134.13
32	嵩明县	130.73
33	竹山县	127.64
34	武宁县	124.60
35	栾川县	124.10
36	秭归县	120.45
37	竹溪县	112.71
38	寻甸县	111.41
39	浑源县	103.93
40	灵丘县	101.13
41	远安县	93.54
42	莲花县	89.27
43	左云县	87.12
44	阳高县	86.97
45	浮梁县	86.02
46	禄劝县	81.88

续表

排序	县（区）名	居民储蓄存款余额（亿元）
47	石林县	80.37
48	上栗县	80.13
49	德安县	78.62
50	芦溪县	75.14
51	天镇县	73.57
52	炎陵县	70.52
53	兴山县	68.08
54	阳曲县	66.02
55	富民县	63.97
56	广灵县	56.39
57	娄烦县	38.75

（三）普通中学在校学生数（人）

2019 年，昆明市的 7 个县（市）和中部地区 50 个县（市）的普通中学在校学生数排名比较如下：

寻甸县为第 16 名，宜良县为第 32 名，安宁市为第 33 名，嵩明县为第 36 名，禄劝县为第 38 名，石林县为第 41 名，富民县为第 47 名，以上 7 个县（市）与排名第 1 的安徽省合肥市的肥东县，普通中学在校学生数分别相差了 31403 人、46725 人、46746 人、48509 人、50033 人、50601 人、54499 人。

由此可见，昆明市的 7 个县（市）中，除了寻甸县处于中等偏上水平以外，其余 6 个县（市）与中部地区的 50 个县（市）相比均处于中等偏下水平，排名靠后的富民县处于倒数第 11 名的水平。

表 6－7　　2019 年昆明市 7 个县（市）和中部地区 50 个县（市）普通中学在校学生数排名

排序	县（区）名	普通中学在校学生数（人）
1	肥东县	64869
2	怀远县	63102
3	衡南县	60375
4	尉氏县	57304
5	兰考县	56882
6	衡阳县	55323
7	庐江县	54414
8	长沙县	47357
9	无为县	47211
10	湘潭县	46587
11	杞县	43269
12	修水县	42314
13	长丰县	38838
14	嵩县	38135
15	攸县	36302
16	寻甸县	33466
17	新安县	32051
18	上栗县	29942
19	肥西县	29510
20	茶陵县	28877
21	孟津县	26997
22	南陵县	24944
23	通许县	24285
24	永修县	23195
25	栾川县	22891
26	横山县	20810
27	郧西县	19458

续表

排序	县（区）名	普通中学在校学生数（人）
28	芦溪县	18660
29	竹山县	18490
30	武宁县	18412
31	清徐县	18239
32	宜良县	18144
33	安宁市	18123
34	房县	17199
35	莲花县	16998
36	嵩明县	16360
37	芜湖县	15545
38	禄劝县	14836
39	浮梁县	14732
40	竹溪县	14703
41	石林县	14268
42	灵丘县	14032
43	繁昌县	12592
44	浑源县	12142
45	德安县	11137
46	长阳县	10604
47	富民县	10370
48	阳曲县	10155
49	广灵县	9818
50	秭归县	9713
51	天镇县	9090
52	炎陵县	7879
53	阳高县	5358
54	左云县	4867
55	远安县	4684

续表

排序	县（区）名	普通中学在校学生数（人）
56	娄烦县	4529
57	兴山县	4197

（四）医疗卫生机构床位数（张）

2019年，昆明市的7个县（市）和中部地区50个县（市）的医疗卫生机构床位数排名比较如下：

安宁市为第7名，寻甸县为第17名，禄劝县为第20名，宜良县为第27名，嵩明县为第34名，石林县为第36名，富民县为第49名，以上7个县（市）与排名第1的河南省开封市的兰考县，医疗卫生机构床位数分别相差了1599张、3060张、3239张、3696张、4102张、4299张、5158张。

由此可见，昆明市的7个县（市）中，安宁市排名第7名，与中部地区的50个县（市）相比处于领先水平，寻甸县、禄劝县和宜良县处于中等偏上水平，嵩明县和石林县处于中等偏下水平，排名靠后的富民县处于倒数第9名的水平。

表6-8 2019年昆明市7个县（市）和中部地区50个县（市）医疗卫生机构床位数排名

排序	县（区）名	医疗卫生机构床位数（张）
1	兰考县	6003
2	怀远县	5836
3	长沙县	5811
4	衡阳县	5372
5	衡南县	4965
6	攸县	4479
7	安宁市	4404
8	庐江县	4273

续表

排序	县（区）名	医疗卫生机构床位数（张）
9	无为县	4089
10	湘潭县	3808
11	杞县	3770
12	嵩县	3752
13	茶陵县	3583
14	尉氏县	3469
15	房县	3328
16	肥东县	3259
17	寻甸县	2943
18	肥西县	2836
19	竹山县	2766
20	禄劝县	2764
21	郧西县	2636
22	竹溪县	2612
23	新安县	2552
24	修水县	2474
25	长丰县	2368
26	通许县	2358
27	宜良县	2307
28	上栗县	2228
29	秭归县	2183
30	横山县	2175
31	栾川县	2120
32	长阳县	2039
33	孟津县	1923
34	嵩明县	1901
35	武宁县	1791
36	石林县	1704

续表

排序	县（区）名	医疗卫生机构床位数（张）
37	南陵县	1596
38	永修县	1345
39	浑源县	1250
40	炎陵县	1230
41	芦溪县	1228
42	阳高县	1194
43	莲花县	1182
44	阳曲县	1168
45	远安县	1120
46	兴山县	981
47	灵丘县	945
48	芜湖县	863
49	富民县	845
50	浮梁县	811
51	清徐县	796
52	繁昌县	774
53	德安县	758
54	广灵县	652
55	天镇县	565
56	左云县	420
57	娄烦县	329

三　昆明与全国西部地区部分县（市）的比较

（一）地区生产总值（万元）

2019 年，昆明市的 7 个县（市）和西部地区 50 个县（市）的地区生产总值排名比较如下：

安宁市为第 1 名，宜良县为第 9 名，嵩明县为第 22 名，禄劝县为第 26 名，寻甸县为第 27 名，石林县为第 28 名，富民县为第 36 名，除安宁市以外，其余 6 个县与排名第 2 的四川省成都市的金堂县，地区生产总值分别相差了 2360828 万元、2937562 万元、3069857 万元、3074057 万元、3250764 万元、3404266 万元。

由此可见，昆明市的 7 个县（市）中，安宁市和宜良县分别排名第 1 和第 9，与西部地区的 50 个县（市）相比处于领先水平，嵩明县、寻甸县、禄劝县和石林县处于中等偏上水平，只有富民县处于中等偏下水平。

表 6－9　2019 年昆明市 7 个县（市）和西部地区 50 个县（市）地区生产总值排名

排序	县（区）名	地区生产总值（万元）
1	安宁市	5751400
2	金堂县	4404358
3	新津县	3747197
4	横县	3288958
5	大邑县	2856878
6	宾阳县	2719591
7	凤翔县	2236551
8	容县	2199528
9	宜良县	2043530
10	鹿寨县	1851744
11	岐山县	1793382
12	和林格尔县	1745800
13	蒲江县	1678220
14	平罗县	1676937
15	湟中县	1653110
16	鄯善县	1636841
17	柳城县	1612580

续表

排序	县（区）名	地区生产总值（万元）
18	榆中县	1557086
19	蓝田县	1492300
20	桐梓县	1488200
21	托克托县	1486000
22	嵩明县	1466796
23	呼图壁县	1445213
24	贺兰县	1389486
25	周至县	1371500
26	禄劝县	1334501
27	寻甸县	1330301
28	石林县	1153594
29	正安县	1135617
30	大通县	1121148
31	互助县	1106040
32	盐池县	1056400
33	民和县	1034898
34	托克逊县	1029096
35	永宁县	1008884
36	富民县	1000092
37	绥阳县	994800
38	同心县	918329
39	上林县	810876
40	巴里坤县	786806
41	永昌县	779663
42	务川县	774378
43	皋兰县	757709
44	道真县	731291
45	会宁县	716809

续表

排序	县（区）名	地区生产总值（万元）
46	靖远县	702073
47	伊吾县	700000
48	清水河县	586600
49	固阳县	571178
50	武川县	506300
51	宜君县	331865
52	墨竹工卡县	277300
53	湟源县	251089
54	当雄县	180900
55	林周县	153000
56	曲水县	129300
57	尼木县	86800

（二）居民储蓄存款余额（亿元）

2019 年，昆明市的 7 个县（市）和西部地区 50 个县（市）的居民储蓄存款余额排名比较如下：

安宁市为第 4 名，宜良县为第 10 名，嵩明县为第 17 名，寻甸县为第 23 名，禄劝县为第 33 名，石林县为第 36 名，富民县为第 42 名，以上 7 个县（市）与排名第 1 的四川省成都市的金堂县，居民储蓄存款余额分别相差了 88. 69 亿元、152. 08 亿元、197. 05 亿元、216. 37 亿元、245. 90 亿元、247. 41 亿元、263. 81 亿元。

由此可见，昆明市的 7 个县（市）中，安宁市和宜良县分别排名第 4 名和第 10 名，与西部地区的 50 个县（市）相比处于领先水平，嵩明县和寻甸县处于中等偏上水平，禄劝县、石林县和富民县处于中等偏下水平。

表 6 - 10　2019 年昆明市 7 个县（市）和西部地区 50 个县（市）居民储蓄存款余额排名

排序	县（区）名	居民储蓄存款余额（亿元）
1	金堂县	327.78
2	大邑县	286.98
3	横县	248.02
4	安宁市	239.09
5	新津县	236.91
6	容县	232.35
7	宾阳县	200.07
8	岐山县	190.75
9	榆中县	182.34
10	宜良县	175.70
11	周至县	168.64
12	蓝田县	162.98
13	凤翔县	153.21
14	蒲江县	150.29
15	桐梓县	148.29
16	贺兰县	141.72
17	嵩明县	130.73
18	鹿寨县	127.54
19	平罗县	123.68
20	永宁县	115.25
21	正安县	114.09
22	绥阳县	112.08
23	寻甸县	111.41
24	大通县	107.47
25	柳城县	96.06
26	务川县	90.13
27	湟中县	89.82

续表

排序	县（区）名	居民储蓄存款余额（亿元）
28	会宁县	89.43
29	上林县	87.75
30	永昌县	85.59
31	道真县	85.40
32	靖远县	84.48
33	禄劝县	81.88
34	皋兰县	81.14
35	鄯善县	80.73
36	石林县	80.37
37	互助县	78.59
38	盐池县	71.89
39	呼图壁县	71.65
40	同心县	66.53
41	民和县	65.27
42	富民县	63.97
43	托克托县	61.56
44	和林格尔县	59.58
45	武川县	48.49
46	清水河县	44.21
47	固阳县	42.62
48	湟源县	36.76
49	托克逊县	30.51
50	巴里坤县	23.23
51	宜君县	22.08
52	伊吾县	9.02
53	墨竹工卡县	4.80
54	林周县	4.45
55	当雄县	3.95

续表

排序	县（区）名	居民储蓄存款余额（亿元）
56	尼木县	3.32
57	曲水县	1.05

（三）普通中学在校学生数（人）

2019 年昆明市的 7 个县（市）和西部地区 50 个县（市）的普通中学在校学生数排名比较如下：

寻甸县为第 5 名，宜良县为第 23 名，安宁市为第 24 名，嵩明县为第 30 名，禄劝县为第 32 名，石林县为第 34 名，富民县为第 37 名，以上 7 个县（市）与排名第 1 的广西壮族自治区南宁市的横县，普通中学在校学生数分别相差了 26006 人、41328 人、41349 人、43112 人、44636 人、45204 人、49102 人。

由此可见，昆明市的 7 个县（市）与西部地区的 50 个县（市）相比，寻甸县排名第 5，与西部地区的 50 个县（市）相比处于领先水平，宜良县和安宁市均处于中等偏上水平，嵩明县、禄劝县、石林县和富民县均处于中等偏下水平。

表 6－11　2019 年昆明市 7 个县（市）和西部地区 50 个县（市）普通中学在校学生数排名

排序	县（区）名	普通中学在校学生数（人）
1	横县	59472
2	宾阳县	51883
3	桐梓县	36943
4	金堂县	36363
5	寻甸县	33466
6	绥阳县	30530
7	务川县	28950
8	湟中县	28428

续表

排序	县（区）名	普通中学在校学生数（人）
9	同心县	27154
10	大通县	26765
11	蓝田县	26522
12	周至县	25911
13	民和县	25492
14	会宁县	25083
15	上林县	24836
16	容县	24378
17	靖远县	21317
18	道真县	21117
19	正安县	20849
20	互助县	19732
21	鹿寨县	18879
22	永宁县	18522
23	宜良县	18144
24	安宁市	18123
25	榆中县	18107
26	大邑县	17068
27	凤翔县	16942
28	平罗县	16600
29	岐山县	16530
30	嵩明县	16360
31	鄯善县	14856
32	禄劝县	14836
33	贺兰县	14802
34	石林县	14268
35	新津县	11786
36	托克托县	10497

续表

排序	县（区）名	普通中学在校学生数（人）
37	富民县	10370
38	柳城县	10007
39	盐池县	8584
40	蒲江县	8510
41	和林格尔县	8467
42	呼图壁县	7551
43	托克逊县	7011
44	湟源县	6582
45	永昌县	6566
46	清水河县	4423
47	固阳县	3854
48	武川县	3767
49	皋兰县	3556
50	巴里坤县	3141
51	当雄县	2340
52	宜君县	2297
53	林周县	2015
54	墨竹工卡县	1801
55	尼木县	1217
56	伊吾县	1202
57	曲水县	863

（四）医疗卫生机构床位数（张）

2019 年，昆明市的 7 个县（市）和西部地区 50 个县（市）的医疗卫生机构床位数排名比较如下：

安宁市为第 3 名，寻甸县为第 8 名，禄劝县为第 10 名，宜良县为第 13 名，嵩明县为第 22 名，石林县为第 27 名，富民县为第 38 名，以上 7 个县（市）与排名第 1 的四川省成都市的金堂县，医疗卫生机构床位数分别相差了 2335 张、3796 张、3975 张、4432 张、4838 张、5035 张、5894 张。

由此可见，昆明市的 7 个县（市）中，安宁市、寻甸县和禄劝县分别排名第 3、第 8 和第 10，与西部地区的 50 个县（市）相比处于领先水平，宜良县、嵩明县和石林县处于中等偏上水平，只有富民县处于中等偏下水平。

表 6－12 2019 年昆明市 7 个县（市）和西部地区 50 个县（市）医疗卫生机构床位数排名

排序	县（区）名	医疗卫生机构床位数（张）
1	金堂县	6739
2	大邑县	4766
3	安宁市	4404
4	横县	4390
5	宾阳县	4248
6	容县	3627
7	正安县	3183
8	寻甸县	2943
9	务川县	2848
10	禄劝县	2764
11	新津县	2648
12	绥阳县	2484
13	宜良县	2307
14	桐梓县	2279
15	岐山县	2245
16	蒲江县	2234
17	榆中县	2198
18	周至县	2146
19	凤翔县	2074
20	会宁县	2060

续表

排序	县（区）名	医疗卫生机构床位数（张）
21	柳城县	1933
22	嵩明县	1901
23	蓝田县	1869
24	大通县	1826
25	上林县	1725
26	鹿寨县	1722
27	石林县	1704
28	互助县	1690
29	靖远县	1629
30	湟中县	1498
31	民和县	1380
32	同心县	1356
33	平罗县	1316
34	道真县	1243
35	呼图壁县	1019
36	鄯善县	915
37	贺兰县	902
38	富民县	845
39	永昌县	797
40	盐池县	676
41	永宁县	638
42	湟源县	616
43	固阳县	612
44	托克逊县	610
45	托克托县	539
46	和林格尔县	522
47	皋兰县	425
48	宜君县	420

续表

排序	县（区）名	医疗卫生机构床位数（张）
49	武川县	418
50	清水河县	386
51	伊吾县	245
52	巴里坤县	222
53	墨竹工卡县	163
54	尼木县	70
55	林周县	65
56	曲水县	42
57	当雄县	30

四 昆明与全国东北地区部分县（市）的比较

（一）地区生产总值（万元）

2019 年，昆明市的 7 个县（市）和东北地区 50 个县（市）的地区生产总值排名比较如下：

安宁市为第 1 名，宜良县为第 3 名，嵩明县为第 7 名，禄劝县为第 14 名，寻甸县为第 15 名，石林县为第 21 名，富民县为第 26 名，除安宁市以外，其余 6 个县与排名第 2 的吉林省长春市的农安县，地区生产总值分别相差了 470533 万元、1047267 万元、1179562 万元、1183762 万元、1360469 万元、1513971 万元。

由此可见，昆明市的 7 个县（市）中，安宁市、宜良县和嵩明县分别排名第 1 名、第 3 名和第 7 名，与东北地区的 50 个县（市）相比处于领先水平，其余 4 个县也均处于中等偏上水平，总体水平较高。

表6－13　2019年昆明市7个县（市）和东北地区50个县（市）地区生产总值排名

排序	县（区）名	地区生产总值（万元）
1	安宁市	5751400
2	农安县	2514063
3	宜良县	2043530
4	盘山县	1908141
5	法库县	1845785
6	宾县	1757825
7	嵩明县	1466796
8	阜新县	1466652
9	台安县	1439148
10	梨树县	1417391
11	长岭县	1401160
12	岫岩县	1387765
13	辽阳县	1343458
14	禄劝县	1334501
15	寻甸县	1330301
16	东丰县	1236593
17	本溪县	1212987
18	巴彦县	1179948
19	黑山县	1172236
20	抚松县	1163605
21	石林县	1153594
22	龙江县	1145697
23	康平县	1116196
24	依兰县	1096007
25	彰武县	1062432
26	富民县	1000092
27	桓仁县	983614

续表

排序	县（区）名	地区生产总值（万元）
28	义县	972552
29	宽甸县	957046
30	伊通县	903071
31	东辽县	865319
32	通河县	860809
33	鸡东县	855553
34	甘南县	855216
35	长海县	836077
36	木兰县	803533
37	镇赉县	788511
38	通榆县	776586
39	辉南县	720286
40	依安县	712193
41	富裕县	706058
42	乾安县	664665
43	克山县	646201
44	永吉县	642140
45	延寿县	640172
46	靖宇县	627468
47	通化县	624451
48	方正县	623315
49	拜泉县	619839
50	柳河县	613692
51	泰来县	610679
52	清原县	555152
53	新宾县	524381
54	汪清县	521880
55	克东县	517755

续表

排序	县（区）名	地区生产总值（万元）
56	长白县	339554
57	抚顺县	294588

（二）居民储蓄存款余额（亿元）

2019 年，昆明市的 7 个县（市）和东北地区 50 个县（市）的居民储蓄存款余额排名比较如下：

安宁市为第 4 名，宜良县为第 8 名，嵩明县为第 19 名，寻甸县为第 29 名，禄劝县为第 43 名，石林县为第 45 名，富民县为第 50 名，以上 7 个县（市）与排名第 1 的吉林省长春市的安农县，居民储蓄存款余额分别相差了 102.36 亿元、165.75 亿元、210.72 亿元、230.04 亿元、259.57 亿元、261.08 亿元、277.48 亿元。

由此可见，昆明市的 7 个县（市）中，安宁市和宜良县分别排名第 4 和第 8，与东北地区的 50 个县（市）相比处于领先水平，嵩明县处于中等偏上水平，寻甸县、禄劝县和石林县处于中等偏下水平，富民县排名比较靠后，处于倒数第 8 名的水平。

表 6－14　2019 年昆明市 7 个县（市）和东北地区 50 个县（市）居民储蓄存款余额排名

排序	县（区）名	居民储蓄存款余额（亿元）
1	农安县	341.45
2	黑山县	262.45
3	岫岩县	255.76
4	安宁市	239.09
5	辽阳县	238.39
6	宽甸县	208.57

续表

排序	县（区）名	居民储蓄存款余额（亿元）
7	梨树县	203.14
8	宜良县	175.70
9	台安县	172.18
10	阜新县	160.52
11	义县	149.02
12	宾县	144.39
13	东丰县	136.32
14	清原县	135.62
15	桓仁县	134.97
16	巴彦县	134.91
17	盘山县	134.75
18	本溪县	131.21
19	嵩明县	130.73
20	新宾县	130.06
21	永吉县	128.48
22	长岭县	127.84
23	柳河县	127.67
24	法库县	127.08
25	彰武县	122.64
26	辉南县	122.29
27	抚松县	120.69
28	伊通县	118.55
29	寻甸县	111.41
30	龙江县	111.31
31	康平县	105.40
32	汪清县	103.05
33	通化县	102.87
34	依兰县	101.73

续表

排序	县（区）名	居民储蓄存款余额（亿元）
35	方正县	98.84
36	甘南县	97.34
37	鸡东县	94.85
38	东辽县	92.85
39	克山县	89.04
40	拜泉县	88.13
41	通榆县	85.99
42	依安县	84.96
43	禄劝县	81.88
44	镇赉县	80.84
45	石林县	80.37
46	富裕县	75.82
47	乾安县	72.64
48	泰来县	69.41
49	通河县	68.22
50	富民县	63.97
51	延寿县	60.90
52	克东县	56.37
53	木兰县	54.69
54	长海县	47.55
55	靖宇县	43.90
56	长白县	39.16
57	抚顺县	32.42

（三）普通中学在校学生数（人）

2019 年，昆明市的 7 个县（市）和东北地区 50 个县（市）的普通中学在校学生数排名比较如下：

寻甸县为第 2 名，宜良县为第 12 名，安宁市为第 13 名，嵩明县为第 15 名，禄劝县为第 18 名，石林县为第 21 名，富民县为第 36 名，以上 7 个县（市）与排名第 1 的吉林省长春市的安农县，普通中学在校学生数分别相差了 10167 人、25489 人、25510 人、27273 人、28797 人、29365 人、33263 人。

由此可见，昆明市的 7 个县（市）与东北地区的 50 个县（市）相比，寻甸县排名第 2，与东北地区的 50 个县（市）相比处于领先水平，宜良县、安宁市、嵩明县、禄劝县和石林县均处于中等偏上水平，只有富民县处于中等偏下水平。

表 6－15　2019 年昆明市 7 个县（市）和东北地区 50 个县（市）普通中学在校学生数排名

排序	县（区）名	普通中学在校学生数（人）
1	农安县	43633
2	寻甸县	33466
3	梨树县	29049
4	长岭县	28991
5	阜新县	28749
6	宾县	23996
7	盘山县	22795
8	龙江县	22452
9	黑山县	20517
10	巴彦县	20353
11	伊通县	19550
12	宜良县	18144
13	安宁市	18123
14	甘南县	16627
15	嵩明县	16360
16	东丰县	16169
17	通榆县	15341
18	禄劝县	14836

续表

排序	县（区）名	普通中学在校学生数（人）
19	宽甸县	14700
20	辉南县	14607
21	石林县	14268
22	义县	13749
23	岫岩县	13748
24	拜泉县	13208
25	法库县	13111
26	康平县	12987
27	柳河县	12503
28	依安县	12431
29	东辽县	12260
30	永吉县	11690
31	台安县	11598
32	抚松县	11189
33	泰来县	11187
34	克山县	11043
35	鸡东县	10554
36	富民县	10370
37	镇赉县	10290
38	富裕县	10174
39	辽阳县	10090
40	乾安县	9879
41	本溪县	9244
42	彰武县	9210
43	桓仁县	8895
44	克东县	8892
45	方正县	8624
46	木兰县	8163

续表

排序	县（区）名	普通中学在校学生数（人）
47	通化县	8102
48	新宾县	8023
49	延寿县	7671
50	依兰县	7363
51	清原县	6645
52	汪清县	5989
53	通河县	5533
54	靖宇县	4748
55	抚顺县	2967
56	长海县	2329
57	长白县	2282

（四）医疗卫生机构床位数（张）

2019 年，昆明市的 7 个县（市）和东北地区 50 个县（市）的医疗卫生机构床位数排名比较如下：

安宁市为第 2 名，寻甸县为第 3 名，禄劝县为第 5 名，宜良县为第 10 名，嵩明县为第 17 名，石林县为第 19 名，富民县为第 50 名，以上 7 个县（市）与排名第 1 的吉林省长春市的安农县，医疗卫生机构床位数分别相差了 328 张、1789 张、1968 张、2425 张、2831 张、3028 张、3887 张。

由此可见，昆明市的 7 个县（市）中，安宁市、寻甸县、禄劝县和宜良县分别排名第 2、第 3、第 5 和第 10，与东北地区的 50 个县（市）相比处于领先水平，嵩明县和石林县处于中等偏上水平，只有富民县排名靠后，处于倒数第 8 名。

表 6－16　2019 年昆明市 7 个县（市）和东北地区 50 个县（市）医疗卫生机构床位数排名

排序	县（区）名	医疗卫生机构床位数（张）
1	农安县	4732
2	安宁市	4404
3	寻甸县	2943
4	宽甸县	2912
5	禄劝县	2764
6	抚松县	2741
7	梨树县	2638
8	龙江县	2334
9	长岭县	2321
10	宜良县	2307
11	辽阳县	2260
12	宾县	2120
13	巴彦县	2103
14	黑山县	2034
15	阜新县	1969
16	东丰县	1906
17	嵩明县	1901
18	岫岩县	1765
19	石林县	1704
20	鸡东县	1695
21	克山县	1668
22	伊通县	1622
23	义县	1588
24	辉南县	1549
25	柳河县	1548
26	彰武县	1519
27	本溪县	1509

续表

排序	县（区）名	医疗卫生机构床位数（张）
28	康平县	1479
29	台安县	1475
30	富裕县	1377
31	泰来县	1347
32	桓仁县	1331
33	清原县	1294
34	甘南县	1290
35	通化县	1204
36	永吉县	1170
37	方正县	1168
38	依兰县	1153
39	通榆县	1152
40	盘山县	1133
41	拜泉县	1108
42	延寿县	1098
43	乾安县	1097
44	法库县	1036
45	东辽县	1003
46	汪清县	972
47	依安县	966
48	新宾县	947
49	通河县	934
50	富民县	845
51	镇赉县	732
52	木兰县	695
53	克东县	594
54	靖宇县	507
55	抚顺县	393
56	长白县	316
57	长海县	240

第七章　推进适应高质量发展需求的市域社会治理现代化

党的十九届五中全会以及国家"十四五"规划提出了高质量发展的战略，在党的十九届六中全会的《中共中央关于党的百年奋斗重大成就和历史经验的决议》中又强调：高质量发展是开启全面建设社会主义现代化国家的新征程，实现第二个百年奋斗目标的根本路径。昆明高质量发展贯穿经济社会发展的各个方面和环节。"十四五"时期，昆明要建设人人有责、人人尽责、人人享有的社会经济治理共同体，不断提升社会治理现代化水平，就必须融入国家"十四五"高质量发展的战略，推进适应高质量发展需求的市域社会治理现代化建设。

一　"十四五"国家高质量发展的战略走势

"十四五"时期国家的高质量发展有六大战略趋向。

（一）"内循环"体系助力高质量发展

"加快形成以国内大循环为主体、国内国际双循环相互促进的新发展格局"是以习近平同志为核心的党中央基于国际国内形势发展变化作出的重大战略部署。

在高质量发展中，我们需要从四个方面把握"内循环"体系战略走势的着力点：一是着力提高人民收入，增加居民财产性收入。由于从小康到富裕存在着较大的增加收入空间，由此能够产生巨大的消费需求。二是着力推进城乡一体化发展，拉动消费需求，产生较大规模的内需。虽然中国城市化率已经过半，但是整体而言，中国城市化率还存在较大提升空间。三是着力加快传统产业的转型升级步伐，增强供给能力与质量。传统产业转型升级是扩大内需的重要方面。四是贯彻新发展理念，着力缩小区域差距，加快中西部发展步伐，避免区域发展中可能出现的不均衡问题，形成多层次的内需市场。

（二）自主创新引领高质量发展

党的十九届五中全会指出："坚持创新在我国现代化建设全局中的核心地位，把科技自立自强作为国家发展的战略支撑。"

在高质量发展中，我们需要把握自主创新引领的战略趋向的三个方面：一是加大基础研究在科技投入中的比重。2019年，中国基础研究经费为1209亿元，比2018年增长10.9%。虽然科技部制定了《加强"从0到1"基础研究工作方案》，对基础研究进行了系统安排，但是基础研究在科技投入中的比重需要持续提高。二是积极推进产学研协同创新。推进产学研协同创新，有效衔接知识创新和技术创新，不仅能够从大学和科学家那里得到当今世界科学技术的最新成果，而且可以迅速转化为现实的生产力。自主创新成为高质量发展的战略路径，其意义不只是转变发展方式，不只是解决效率问题，更重要的是依靠无形要素，实现要素的新组合，扩大生产的可能性边界。在此过程中，科学技术的运用能够拓展生产可能性边界，科学技术成果的应用和扩散创造新的增长要素，驱动包括制度创新、管理创新、空间创新、商业模式创新等在内的一系列创新，是最能反映经济高质量发展的创新性特点。三是秉持创新发展理念，加大对创新型人才引进和培养力度，完善对创新型企业服务保障体制，构建开放创新合作平台，促进创新成果转化，营造有利于创新的政策环境。

在高质量发展中，我们需要从三个方面把握新经济驱动的战略趋向：一要着力关键核心技术，围绕5G、半导体、新能源、车联网、区块链等领域，支持新型研发机构、高等学校、科研机构、科技领军企业开展战略协作和联合攻关，加快底层技术和通用技术突破；二要着力新基建发展，从基础设施和关键环节入手，促进新经济发展，实现经济社会系统的可靠传输、智能管理、智慧决策、精准服务，提高社会治理能力，提升经济运行效率；三要着力营造创新环境，让整个社会充满创新、创业、创造的热情。

（三）消费拉动高质量发展

在高质量发展中，我们需要把握消费拉动高质量发展的战略趋向。实现的路径有五个方面：一是增加居民收入，通过相关改革举措促进收入分配更合理、更有序，推动形成与居民消费升级相匹配的收入可持续增长机制，不断扩大中等收入群体，为扩大居民消费夯实基础；二是把稳就业摆在“六稳”之首，稳定高就业率；三是贯彻社会保障的公平性原则，实现社会保障全覆盖；四是在宏观的国民收入分配中提高消费比例，改变高积累低消费的状况；五是扩大中等收入者比重并使中等收入者达到大多数，从而在提高消费水平的基础上拉动经济增长。现阶段，消费业态的创新对消费的拉动效果非常明显，比如信息消费、绿色消费、旅游休闲消费、教育文化体育消费、养老健康、家政消费等“新兴业态”正在迅速增长，尤其是借助“互联网+”平台，网络消费和共享经济正在从广度和深度扩大消费领域，消费朝着更加智能、更加绿色、更加健康、更加安全的方向转变，不仅体现消费模式优化，而且会带动生产模式优化，还会促进经济结构转型升级。

（四）区域协调发展推进高质量发展

在高质量发展中，我们需要从三个方面深刻把握区域协调发展的战略趋向：一是构建良好的协调机制，从“产业协调机制—区域协调机制—分工合作机制—交流学习机制”四个方面构建区域高质量发展的互动协调机制，增强合作动力，更好地发挥区域协调发展的规模效应、集聚效应、同群效应、分工效应和学习效应。这方面应注意借鉴“长三角”的协调发展经验；二是强化中心城市的核心优势，继续保持和提升中心城市的竞争力；三是贯彻新发展理念，缩小区域的差距，在体制变革上下大力气，避免区域发展中可能出现的明显的不均衡问题。

（五）生态环境保护助力高质量发展

在高质量发展中，我们需要从三个方面深刻把握生态环境保护的战略趋向：一要继续加强生态环境保护，特别是对大气环境、土地环境、水环境的保护，扩大生态保护用地（特别是加强对城市绿心的建设和保护），筑造城市生态保护屏障，为人民生产生活营造一个“绿水青山”的环境。二要加快资源消耗和环境污染较严重产业的转型和升级，大力发展绿色产业。通过绿色改造等方式，完成高消耗高污染企业生产工艺技术的更新改造，逐步实现绿色生产、清洁生产，把握“绿色工业革命”的契机，最终建立起绿色与效率并存、经济与环境协调的产业体系，进而提高绿色经济发展水平和经济发展质量。三要促进新兴绿色产业的发展，挖潜新兴绿色产业对于提高社会效益、经济效益、环保效益的作用，助力经济高质量发展。

（六）共享发展聚力高质量发展

从社会学角度来说，共享发展是关系中国能否顺利跨越“中等收入陷阱”、实现现代化强国目标的关键问题。党的十九大报告强调，增进民生福祉是发展的根本目的。必须多谋民生之利、多解民生之忧，在发展中补齐民生短板、促进社会公平正义保证全体人民在共建共享发展中有更多获得感，不断促进人的全面发展、全体人民共同富裕。经济发展过程中，做大蛋糕和分好蛋糕不是矛盾的，而是统一的。经过 40 多年的快速发展，“蛋糕”逐步做大，同时收入差距、财富差距等分配问题也凸显出来。当前，分好“蛋糕”和做大“蛋糕”同样重要，更好的分配有利于激发各种生产要素特别是劳动者的积极性，进一步扩大中等收入群体，提升全社会的购买力和稳定性，创造更大规模的市场，反过来进一步促进经济效率的提升。

在高质量发展中，我们需要从四个方面深刻把握共享发展的战略趋向：一要提高社会保障水平，健全农村社会保障体系，打造完善的医疗保障系统，避免农村人口因病积贫、因病返贫，从而构建和谐稳定的乡村环境，缩小区域城乡发展差距、城乡居民收入差距；二要完善公共交通系统，并结合重要交通节点，实现公共交通无缝对接，最大限度地提高公共交通运输能力和服务水平；三要加强民生兜底保障，支持残疾人就业，不断加大棚户区改造财政支持力度；四要以人为本，切实处理与人民群众切身利益相关的问题，加快构建运行良好的社会治理机制。

二　昆明“十四五”高质量发展目标

《中共昆明市委关于制定昆明市国民经济和社会发展第十四个五年规划和二〇三五年远景目标的建议》（以下简称《建议》）明确提出了“十四五”发展的总体要求、主要目标、重点任务、重大举措，集中回答了昆明在新发展阶段如何贯彻新发展理念、怎样主动服务和融入新发展格局实现高质量发展等一系列重大问题。

（一）“十四五”时期主要目标

区域性国际中心城市建设再上新台阶，成为面向南亚东南亚辐射中心的核心区；生态文明建设再上新台阶，成为国家生态文明先行示范区；民族团结进步示范建设和民生福祉再上新台阶，成为高品质幸福美好生活城市；高质量发展再上新台阶，成为贯彻高质量发展的城市典范；社会文明程度再上新台阶，成为新时代文化高地；市域治理现代化能力再上新台阶，成为全国市域社会治理现代化城市。

对于经济发展，《建议》在综合分析昆明发展基础和外部条件后，提出到 2025 年全市经济总量在确保质量稳步提升的前提下，突破 1 万亿元，人均 GDP 大幅提高，单位 GDP 能耗和单位 GDP 建设用地面积持续下降，科技贡献率明显提升。

（二）“十四五”发展重要举措

一要以主动服务和融入国家重大战略为抓手，积极融入国内国际双循环新发展格局。要推进以科技创新为核心的全面创新，打造国家重要区域性创新高地。要坚持把发展经济着力点放在实体经济上，推进产业基础高级化、产业链现代化、产业体系数字化，补齐产业链供应链短板，提高经济质量效益和核心竞争力，努力打造更高水平的高质量发展区域经济增长极。

二要突出系统集成和改革实效，推动改革更好地服务经济社会发展大局。要注重对内对外开放相结合，建设高水平开放型经济，强化对外开放平台功能，引领带动滇中城市群发展。

三要深入实施区域协调发展战略和新型城镇化战略，促进区域间错位发展、分工协作和功能互补，构建高质量发展的空间布局和支撑体系。要全面实施乡村振兴战略，推动农业全面升级、农村全面进步、农民全面发展。

四要坚持走生态优先、绿色发展之路，全面推动绿色低碳发展，提升生态系统质量和稳定性，加强城乡水环境治理，擦亮世界春城花都名片。

五要加强社会主义精神文明建设，深入实施文化强市战略，不断提升文化软实力。要健全基本公共服务体系，在发展中补齐民生短板，扎实推动共同富裕。

六要完善共建共治共享的社会治理制度，统筹发展和安全，防范和化解影响现代化进程的各种风险。

（三）云南省支持昆明高质量发展

“十四五”时期，为进一步明确昆明市的发展定位、发展目标、发展路径，加大对昆明支持力度，云南省委、省政府正式印发实施了《关于支持昆明高质量发展的若干意见》（以下简称《若干意见》），为省会昆明实现高质量发展提供强大政策支撑。

一是置身全局大局谋昆明发展。立足新发展阶段，贯彻新发展理念，构建新发展格局，对标先进省会城市，从全省、全国、南亚东南亚三个层面，提出昆明发展定位、明确发展目标，进一步提高昆明在全省的经济首位度。既与“十四五”规划精神一脉相承，又有细化拓展延伸。

二是聚焦短板弱项定重点任务。结合昆明当前发展中特别突出的产业空心化、城市建设滞后、民生短板较多等问题，《若干意见》把大抓产业发展、推进城市建设十大工程、改善社会民生作为主要任务，提出了推进方向、具体措施、进度目标，增强针对性、避免面面俱到。比如，重点发展新材料、大健康、数字化三大产业，三年内全面完成三环以内“三旧”改造，社区养老、托幼设施要实现社区全覆盖，等等。

三是围绕破解关键制约提支持举措。《若干意见》紧紧围绕破解制约昆明发展的瓶颈，从“地”“水”“钱”“人”等方面提出了含金量较高的政策措施，抬高昆明未来发展的“天花板”。比如，明确提出支持外迁昆明西、小喜村两个收费站以疏解拥堵、拓展发展空间，在省对下财政体制改革中对昆明倾斜支持以增强财力、化解债务等。

四是建超常规机制促上下联动。《若干意见》既对昆明发展提出要求、明确任务，也给予政策项目资金支持；既注重发挥昆明主观能动性，也要求省直部门主动支持服务，并提出超常规措施确保各项任务落实，如省委、省政府主要领导担任组长的滇中城市群领导小组，每两个月听取一次推进情况汇报，领导小组执行副组长每半个月听取一次专题汇报，力度前所未有。

三　适应高质量发展需求推进边疆民族地区社会治理现代化的特点

2021 年以来，昆明立足推进边疆民族地区社会治理现代化，通过建设六大体系，实现六个转变，全面推进边疆民族地区社会治理的现代化，以适应昆明“十四五”高质量发展需求。

（一）提升联动协同能力，着力构建组织运行体系，社会治理由“九龙治水”向“协同用力”转变

一是理顺“五级”治理机制。把加强和创新社会治理作为“一把手”工程，成立由市委书记任组长的市委社会建设工作领导小组，下设办公室及 7 个专项组（党建引领、制度建设、公共服务、社会动员、市域治理、基层治理、城市文明），高位统筹推进社会治理；新组建市委社会工作委员会作为市委工作机关，加挂市社会建设办公室牌子，负责全市社会建设工作的总体布局、发展规划、统筹协调、整体推进、督促落实以及其他重大事项，在机构编制压缩的大背景下，成立专门机构推进社会治理工作，从全国来看都是少有的；在各县（市）区成立县（市）区委社会建设工作领导小组，由县（市）区委副书记兼任社会工委书记，结合实际组建工作专班；在街道（乡镇）成

立社会建设办公室，在社区（村）明确专人负责社会治理工作；在小区（楼院）、自然村推行“楼栋长”和“十户长”，初步构建起了统一领导、运转顺畅、高效协同的“五级”组织体系，治理合力明显提升、治理基础有效夯实。

二是推动服务力量下沉。依托街道城市管理综合服务中心，采取“1+3+N”的工作模式（“1”即以街道综合执法队为主体，“3”即以街道城管中队、市场监督管理所、派驻街道警力三支专职常驻队伍为主要力量，“N”即从应急管理、环保、水务、人力资源社会保障、卫生、文化、住房城乡建设等部门抽调人员，采取片区派驻、挂牌进驻等方式下沉街道），建立街道统筹、行政执法部门共同组成的街道综合治理实体化平台，确保组织架构实、办公场所实、力量配置实、制度机制实、人员责任实、问题解决实。加大街道综合执法改革力度，探索实行“一支队伍”管执法，强化街道对区域内执法工作的统筹力度，上级派驻街道的各类执法队伍，由街道统一指挥调度。

三是推行网格精细治理。在社区全面实行“1+5+X”的网格化工作模式（“1”指每个管理网格设置1名网格长，负责协调网格内各类事项；“5”指将网格监督员、城管执法人员、环卫保洁人员、社区工作人员、社区民警5类人员纳入网格中；“X”指根据工作需要，将各类社区专干、楼栋长、社区志愿者、物业管理人员等纳入网格），建立市级大循环、区级中循环、街道小循环和社区自循环的四级闭环分类处置机制，推动有人巡查、有人报告、有人负责、有人解决、有人督查的基层网格治理，实现需求在网格发现、资源在网格整合、问题在网格解决。

（二）提升系统集成能力，着力构建政策制度体系，社会治理由“条线探索”向“系统推进”转变

一是编制社会建设专项规划。昆明市委、市政府把社会建

设作为统筹推进“五位一体”总体布局的重要环节和政治任务，编制“十四五”社会建设专项规划，明确提出实施社会建设体系完善、社会服务体系覆盖、基层社会治理固本、社会力量协同创新、社会文明水平提升、“平安昆明”示范创建“六大工程”，力争到 2025 年实现党建引领社会建设水平、基本公共服务水平、市域社会治理现代化水平、基层社会治理水平、社会文明水平、平安昆明建设水平“六个明显提高”，为推进全市治理体系和治理能力现代化擘画好发展蓝图。

二是构建“1 + 7 + N”政策制度框架体系。先后制定出台《关于创新社会治理加强基层建设规划纲要》等社会治理有关文件制度，明确了“三步走”的总体目标和年度目标。编制“1 + 7 + N”政策制度体系（“1”即规划引领昆明市社会治理中长期发展的 1 个纲领性文件；“7”即加强和提升“党委领导、政府负责、民主协商、社会协同、公众参与、法治保障、科技支撑”水平的 7 个基础性文件；“N”即组织落实纲领性文件和基础性文件的若干配套文件政策、实施意见、管理办法等），将 57 个文件纳入昆明社会治理制度体系并逐年补充完善，初步构建系统完备、科学规范、运行有效的社会治理政策制度。

三是建立科学系统的指标评价体系。按年度出版《昆明社会治理现代化指数报告》，编制“昆明市社会治理指数”，提出 46 项社会治理指标，并将指标分为“社会活力”“社会服务”“社会环境”三大维度，构建起能“量化”评价社会治理的科学指标体系。研究制定昆明市社会治理测评体系、昆明市创新社区治理测评体系，推动社会治理规范化、标准化、制度化。

四是探索推进边疆民族地区社会治理立法。围绕边疆民族地区治理能力建设，制定实施《文明行为促进条例》《流动人口管理服务条例》等，启动《街道办事处条例》《社区治理促进条例》《物业管理条例》等前期立法调研工作，发挥法治在社会治理领域的保障作用。结合石林、禄劝、寻甸 3 个少数民族自治县实际，颁布施行自治县“民族团结进步”“文化遗产保护”等单行条例，以法治方式促进社会建设，保障社会善治。

（三）提升民生保障能力，着力构建公共服务体系，社会治理由“大水漫灌”向“精准服务”转变

始终紧盯解决好群众最关心、最现实的利益问题，不断提升群众的获得感、幸福感。

在便民利民方面，深化“放管服”改革，开展“证照分离”改革试点工作106项，市级行政许可事项精减到80项，为已公布行政许可事项的省会城市中最少。全国首推“互联网+”政务服务中心、公共资源交易中心、投资服务中心、党群服务中心“一网四中心”平台建设，实现全市政务“一窗办理”“一网通办”和“数据共享”。

在民生保障方面，昆明一般公共预算支出的72%以上投向民生领域；深入实施教育优先发展战略，优质高中覆盖比达到74.5%，人均受教育年限达到10.82年；不断完善公共卫生体系，启动重大传染病救治能力和疾控机构核心能力“双提升”工程建设，推进家庭医生签约服务和医联体建设，医疗卫生服务能力和水平显著提升，综合医疗水平达到西部一流，全市居民平均预期寿命达到80岁。

在基层服务方面，推进社区减负增效，出台《昆明市社区工作准入事项管理办法（试行）》和《昆明市社区依法履行职责清单》《昆明市社区依法协助政府工作职责清单》《昆明市社区开具证明清单》“一办法、三清单”，在行政事务上做“减法”、服务居民上做“加法”，进一步厘清社区居委会和各级政府及职能部门、派出机构的权责边界，真正为社区干部“松绑减负”，让他们从繁杂的行政事务中抽出身来，腾出更多时间和精力服务群众。如：盘龙区金星社区开展“温暖送到群众心坎上”、居民议事“连心厅”模式，不断增强人民群众获得感、幸

福感；金江路社区开设“三官一律师”睦邻中心、“四点半课堂”等，服务辖区群众；五华区虹山中路社区开办老年大学、老年爱心食堂，让老年人老有所乐；观音寺社区建立“残疾人日间照料站”，开展康复训练、技能培训等，帮助残疾人自强自立。

在公共文化服务方面，发挥民族优秀传统文化、社会主义核心价值观“文化润城、文化润人”作用，在全国首创“基层公共文化服务包”，打造“春城文化节”“民族团结长街宴”“昆明民族大舞台”等群众性文化活动品牌，搭建起各民族沟通的桥梁和纽带。“火把节”“泼水节”等村社民族节庆活动，成为各族群众大联欢、大聚会、大交流、大团结的盛会。

在滇池治理方面，通过全面推进“双河长”制，招募组建“市民河长”团队、“爱湖志愿服务队”等，发动全民参与，形成社会各界关注、参与滇池保护治理的格局。目前滇池水质上升为Ⅳ类，为 1988 年建立滇池水质数据监测库 30 年以来的最好水质。

在民族团结方面，成功创建为全国民族团结进步示范市，禄劝县、寻甸县、石林县成功创建为全国民族团结进步示范县，石林县还被命名为国家级“海峡两岸少数民族交流基地”。

（四）提升群众工作能力，着力构建社会动员体系，社会治理由群众“旁观”向“热心参与”转变

昆明始终注重居民群众参与基层社会治理，坚持社会动员，凝聚各方力量，推动实现共建共治共享。

一是探索“三社联动”社会治理模式。印发《昆明市关于推进“三社联动”创新社会治理的意见》，积极探索以社区为依托、社会组织参与、社会工作者为支撑的“三社联动”社会治理模式，完善社区发现居民需求、统筹设计服务项目、支持社会组织承接、引导专业社会工作团队参与的工作体系。如：西

山区2021年发布46个社会治理领域政府购买社会组织“三社联动”服务项目，总预算金额约730万元，项目涉及社区居家养老、困境儿童关爱服务、困难残疾人关爱服务、流浪乞讨人员救助等，涵盖民生和社会治理等方面。

二是全面推动社区民主协商。推动各社区建立“提议、合议、群议、决议、评议”的协商民主“五议工作法”，通过民情恳谈会、民主议事会、社区论坛、社区评议会、听证会等协商形式，鼓励居民和驻区单位广泛参与社会治理，全市城乡社区民主协商率达90%以上。如：五华区菱角塘东区通过社区协商把车辆全部移出小区停放，凤翥上居小区通过协商自筹40万元加装了外挂电梯；盘龙区拓东街道明通巷社区采用“8+X”工作模式开展基层民主协商议事工作，青云街道金沙社区自创“居民议事厅”党政群团共商共治“1+5”自治模式，健全了群众诉求表达机制和重大问题解决机制；寻甸县各村（社区）组建了民情理事会，采取了社区论坛、民情恳谈等方式开展协商。

三是深入开展社会动员。在全市77个街道建立党建联盟，493个社区建立党建联席会议制度，建立资源清单、需求清单、项目清单“三个清单”，促进区域内各类组织之间的互联互动、共建共享。印发《关于组织引导社会力量参与基层社会治理的实施意见》，着力搭建区域化党建平台、居（村）民代表会议平台、基层协商共治平台、公共资源共享平台、社会组织服务平台、志愿服务平台、治理能力提升平台、社会矛盾纠纷调解平台、社会治理资金支持平台等社会治理9大共治平台，充分发挥社会组织、群团组织的积极作用，探索发动社会组织、新社会阶层人士广泛参与社会治理的有效机制、途径和方法，打造共建共治共享的社会治理格局，形成人人有责、人人尽责的社会治理共同体。

四是推进社区“楼栋长”乡村“十户长”队伍建设。把社会动员组织体系直接建在群众中，将“两代表一委员”、党员、离退休干部、网格员、村（居）民小组长、村（居）民代表等群体整合优化，选为“楼栋长”“十户长”，充实社会治理基层队伍，让社区居民从“幕后”走到“台前”，由“旁观者”变为“参与者”。截至2021年，全市共选聘“楼栋长”12811名、“十户长”18893名，覆盖了全市89.7%的社区（村）。如昆明市盘龙区甸头村开展“五级治理、十户联保”工作，以居住相邻的10—20户成立一个联保小组，每个联保小组由村民推选出一名有威望、有能力、有公心的十户长，在十户长的领导下，十户成员之间做到信息十户联通、治安十户联防、矛盾十户联调、环境十户联治、安全十户联保、人员十户联控、困难十户联帮、政策十户联宣、平安十户联创、发展十户联促的“十户十联”，基层治理效能明显提升。

（五）提升创新实践能力，着力构建激励保障体系，社会治理由“传统管理”向“现代治理”转变

一是开展试点创建示范带动社会治理创新市级层面全面推进“五个一批”（一批政府购买服务项目、一批党政群共商共建优秀社区、一批优秀社会组织、一批社区学雷锋志愿服务工作站、一批民主法治示范社区）示范工程，在县区启动“五区一市”（五华区、盘龙区、西山区、官渡区、呈贡区、安宁市）全域创新试点建设，在街道和社区选取100个社区打造城乡社区治理创新示范点，建成了金星社区“百家宴”、五棵树村“民族团结示范村”、糯黑村“中国少数民族特色村落”等一批特色示范品牌，以创建促提升、以示范带整体，推动社会治理取得更大成效。

二是加大人才培养力度推动社会治理创新。组建昆明市社会治理研究院，邀请37名全国社会建设领域知名学者组建社会建设工作专家智库，从基层一线遴选40名社会治理专业人才、

治理能人组建本土人才库，让昆明的社会治理工作既有理论指导，又有实践支撑。与北京建立社会治理协同发展机制，成立京昆社会建设服务指导中心；与驻昆高校搭建治理校地联盟，成立社会治理交流培训中心，选聘1700名大学生到社区（村）服务基层，选派边远民族地区乡镇、村社干部到主城社区实地跟班学习，满足基层队伍培训需求。

三是运用信息化手段推动社会治理创新。加大“互联网+”模式在基层社会治理中的应用，实施政府公共服务平台、市民服务平台、智慧城市治理、智慧社区等22个专项信息化项目建设，着力构建综合智能的大交通体系、协同融合的大治理体系、安全可控的大监管体系、立体防控的大安全体系、绿色智能的大生态体系。

在行业特色应用方面，建成昆明市政府信息公开平台、公众服务平台、政民互动平台、投资昆明平台、全市社会保障卡信息网络平台、全市视频会议系统、全市统一的无线政务信息交换平台等。

在便民惠民方面，建成市公积金综合业务系统、人社通手机APP、滇医通挂号系统、教育资源公共服务平台，完成主城公共区域免费Wifi建设、政务服务“一网四中心”体系建设，有效提升了政务服务和便民惠民水平。探索推进基层治理信息化建设，如：西山区全力推进“智慧西山”建设，建设了“七个模块三系统”，以信息化方式推进社会治理现代化、智能化、数字化；盘龙区金沙社区运用电子地图和信息技术，把区域内人、地、物、事、组织等社会治理与公共服务内容全部纳入网格，构建起一个数据化建模、信息化管理的“数字金沙”。

（六）提升风险防范能力，着力构建群防群控体系，社会治理由“事后处置”向“源头治理”转变

一是坚持和发展新时代“枫桥经验”。坚持“专群结合、依

靠群众”方针，整合辅警、治保调解、单位内保、社会保安、治安志愿者等力量 15.4 万人，构建了“定点见红、全线飘红”的群防群治工作格局。广泛动员和鼓励各类社会组织和居民群众开展形式多样的志愿服务，组建多种类型的志愿者队伍，推动志愿服务规范化、专业化、常态化，全市的实名注册志愿者达到 120 万人。坚持定期排查和重点排查相结合，健全市、县（市）区、乡镇（街道）、村（社区）四级社会矛盾排查预警机制，及时发现、有效处置苗头性风险问题。全面加强社会治安分色管理，全市治安状况良好的乡镇（街道）达 90% 以上。推行“村级警务助理”工作机制，在 1685 个行政村和社区配备警务助理 1703 人，通过强化基础管控、延伸服务触角，有力提升了群众安全感和满意度。如西山区西苑街道运用社会治理手段，变刚性强制执法为发动群众参与志愿柔性劝导，管住管好了昆明最大露天公共广场碧鸡广场上广场舞噪声扰民的问题，88 支舞蹈和运动队伍 3000 余人的娱乐运动需求和周边居民的安静生活需求得到了有效治理，20 多年来的碧鸡广场舞噪声扰民问题得到了良好解决，实现了共商共建共治共享，得到了周边群众和广场舞参与者的一致好评。

二是大力开展社会治安防控体系建设。深化新一轮巡逻防控体系建设，构建市级反恐应急处突网、县级重点区域控制网、派出所基础防控网“三网叠加”巡逻防控网，保持每天巡逻防控警力 5200 余人，街面出警半径由原来的 20 分钟缩短至 3.8 分钟，重大敏感警情 3 分钟到达率保持 90% 以上。如安宁市建立“九位一体”村级警务助理工作机制，集矛盾调解员、人口协管员等 9 项职能于 1 人，提升治理效果；晋宁区推行突出情报信息收集研判和预警机制，对重大项目实施社会稳定风险评估，抓源头治理防范风险隐患；五华区陡坡社区探索“四看四建四促”经验，实现“无一例重大矛盾纠纷、无一例治安刑事案件、无一例群体性上访事件”，成为“全国民主法治示范村”。

三是加强和防范化解社会矛盾风险。深入开展溯源治理，整合各类资源力量，健全矛盾纠纷多元化解机制，用群众身边人解决群众身边事。加强婚姻家庭、邻里纠纷等矛盾排查化解，努力把各类不稳定因素解决在萌芽、化解在基层。落实矛盾纠纷大调解工作联席会议制度，建立健全县（市）区、乡镇（街道）、村（社区）三级矛盾纠纷大调解中心，着力推进矛盾纠纷排查调处，努力将问题矛盾化解在基层。持续优化“互联网＋”纠纷化解能力，运用“智慧人民调解・云智调”“云解纷”系统，对各类矛盾纠纷进行排查预警、受理分流、跟踪调度和督办反馈，打通“线上＋线下、现场＋远程”纠纷化解双渠道。深入推进公共法律服务实体、热线和网络平台建设，加强基层司法所和公共法律服务中心（站、点）规范化建设，推行“一村（社区）一法律服务员”制度，村（社区）100%配备法律服务员，把法律知识、法律服务送到群众身边。

党的十九届五中全会以及国家“十四五”规划提出了高质量发展的战略，在党的十九届六中全会的《中共中央关于党的百年奋斗重大成就和历史经验的决议》中又强调：高质量发展是开启全面建设社会主义现代化国家新征程，实现第二个百年奋斗目标的根本路径。昆明高质量发展贯穿经济社会发展的各个方面和环节。“十四五”时期，昆明要建设人人有责、人人尽责、人人享有的社会治理共同体，不断提升社会治理现代化水平，就必须融入国家“十四五”高质量发展的战略，推进适应高质量发展需求的市域社会治理现代化建设。

四　昆明市域社会治理的若干短板

为了更好分析昆明市域社会治理的水平，本书将昆明市各市域社会治理指标与全国水平、27个省会城市、4个西南地区城市相应指标作对比，存在以下短板：

（一）与全国水平的比较

在与全国比较的若干指标中，昆明仅有每千人配置全科医生人数一直低于全国水平。2018—2020 年，昆明的每千人配置全科医生人数，分别为 0.200 人、0.247 人、0.210 人，2018—2020 年比全国每千人配置全科医生人数低了 0.022 人、0.014 人、0.080 人（见图 7－1）。

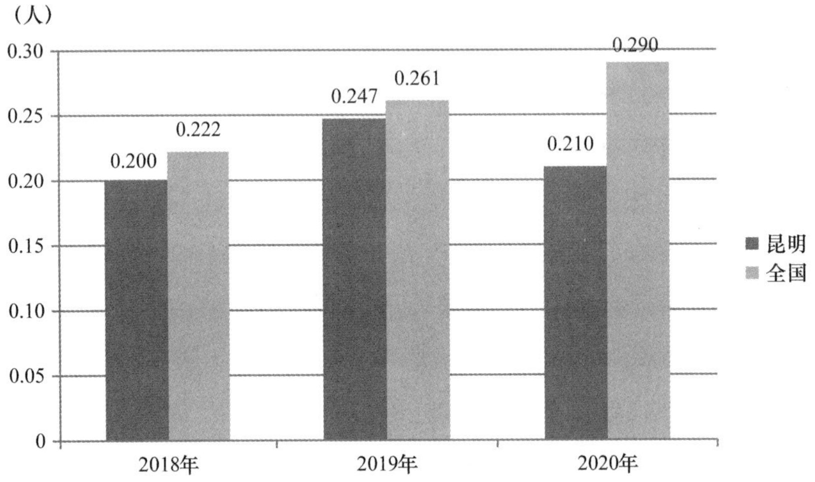

图 7－1　2018—2020 年昆明与全国每千人配置全科医生人数的比较

显然，昆明市的“每千人配置全科医生人数”是个突出短板，连续 3 年低于全国的平均水平。而且，2020 年的差距还进一步扩大，比 2019 年又拉大了 0.066 人。

（二）与 27 个省会城市的比较

1. 人均地区总产值（GDP）

昆明市 2019 年人均地区生产总值为 79554 元，27 个省会城市的平均值为 98137.44 元，昆明市较 27 个省会城市平均值低了 18593.44 元，在 27 个省会城市中排名第 19（见图 7－2）。昆明市 2020 年人均地区生产总值为 80584 元，27 个省会城市的

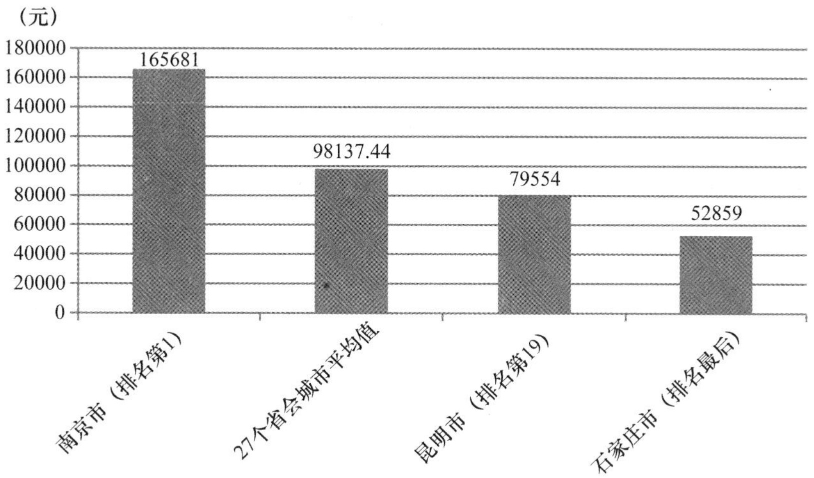

图 7－2　2019 年昆明与 27 个省会城市人均地区生产总值比较

平均值为 88620.15 元，昆明市较 27 个省会城市平均值低了 8036.15 元，在 27 个省会城市中排名第 14（见图 7－3）。

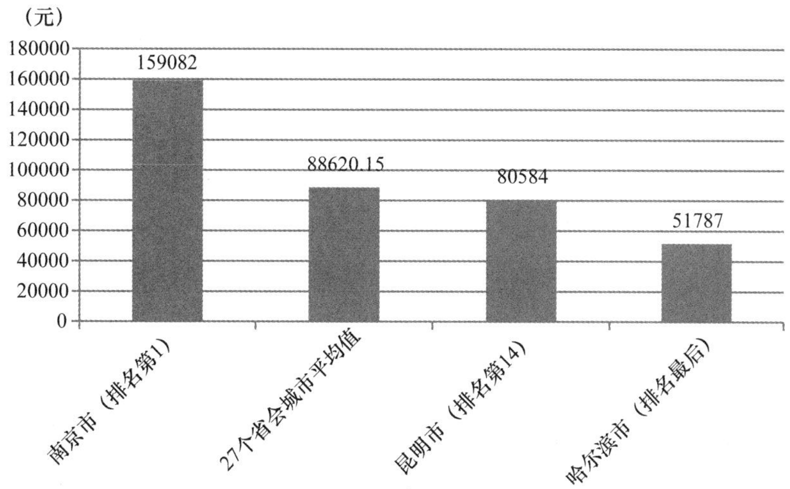

图 7－3　2020 年昆明与 27 个省会城市人均地区生产总值比较

从 2019—2020 年数据可见，昆明市目前的人均地区生产总值虽然仍然低于 27 个省会城市的平均水平，但是在受新冠肺炎疫情影响的当下，昆明市仍能保持人均地区生产总值上升的势头，并且逐步缩小与 27 个省会城市之间的差距。

2. **城镇登记失业率**

昆明市 2019 年城镇登记失业率为 3.44%，27 个省会城市的平均值为 2.71%，昆明市较 27 个省会城市平均值高了 0.73%，在 27 个省会城市中排名第 22（见图 7－4）。

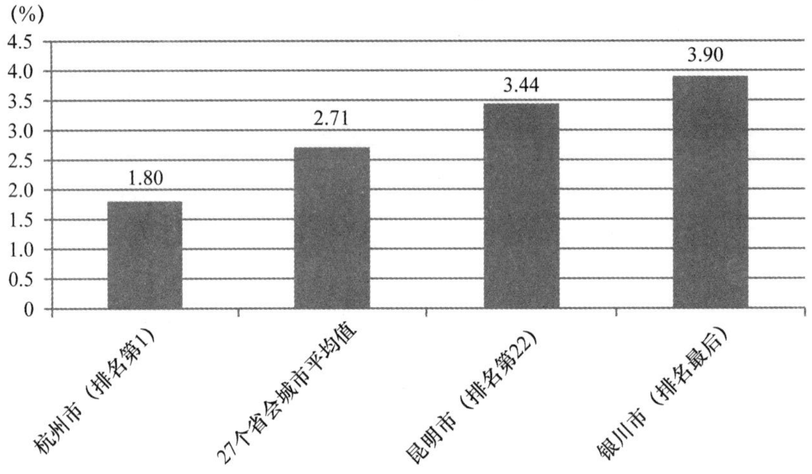

图 7－4　2019 年昆明与 27 个省会城市城镇登记失业率比较

昆明市 2020 年城镇登记失业率为 4.22%，27 个省会城市的平均值为 3.10%，昆明市较 27 个省会城市平均值高了 1.12%，在 27 个省会城市中排名第 26（见图 7－5）。

2019—2020 年，昆明的登记失业率在 27 个省会城市中均排名靠后，并且都高于省会城市的平均值。

3. **农村居民人均可支配收入**

昆明市 2019 年农村居民人均可支配收入为 16356 元，27 个省会城市的平均值为 20148.96 元，昆明市较 27 个省会城市平均值低 3792.96 元，在 27 个省会城市中排名第 18（见图 7－6）。

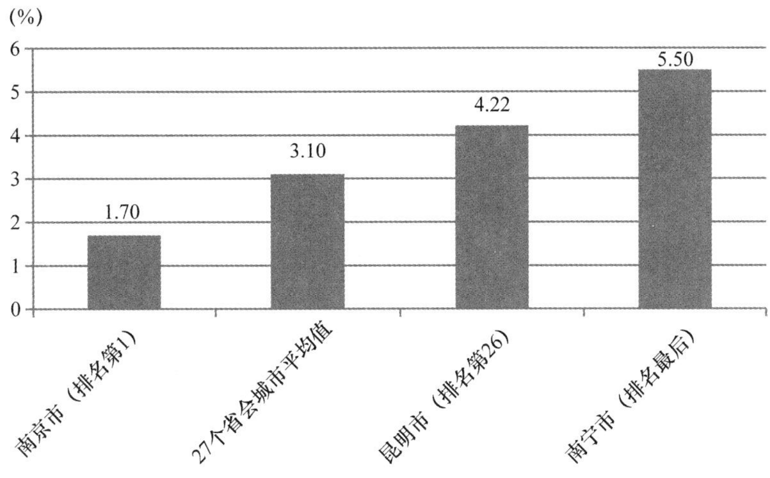

图7－5 2020年昆明与27个省会城市城镇登记失业率比较

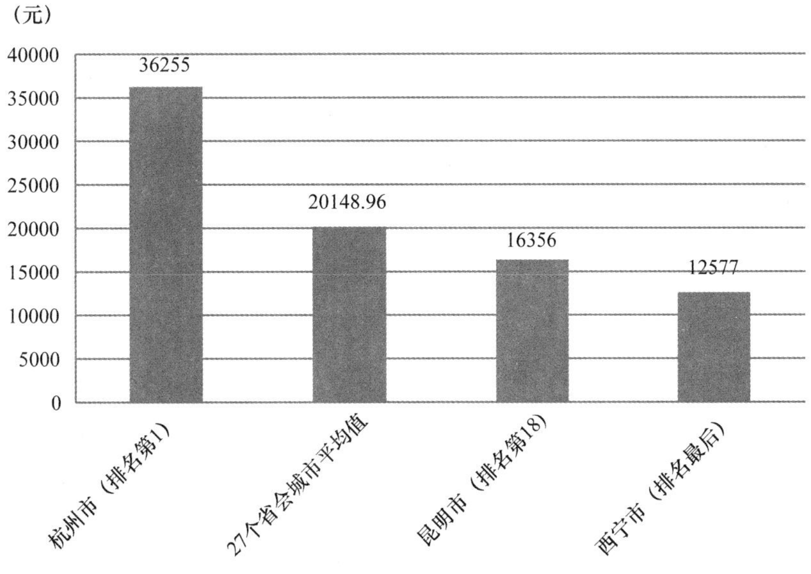

图7－6 2019年昆明与27个省会城市农村居民人均可支配收入的比较

昆明市2020年农村居民人均可支配收入为17719元，27个省会城市的平均值为21563.44元，昆明市较27个省会城市平均值低3844.44元，在27个省会城市中排名第19（见图7－7）。

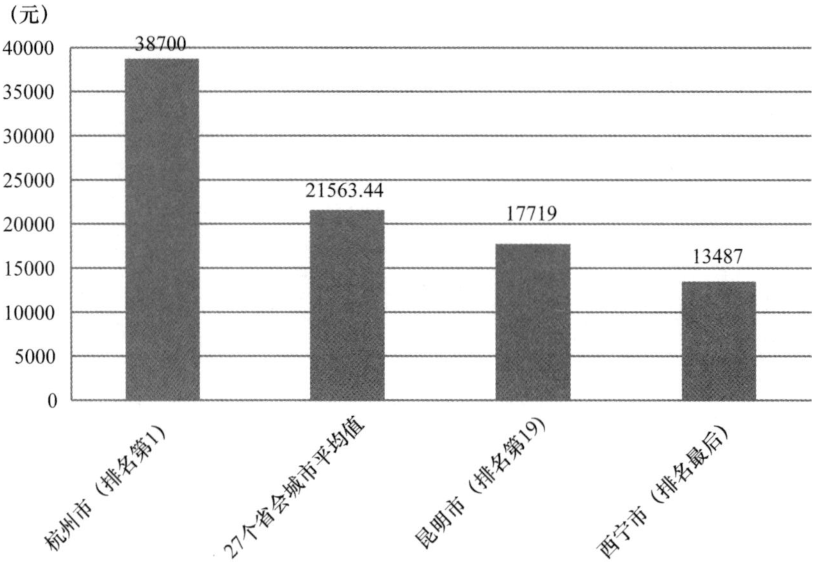

图 7－7　2020 年昆明与 27 个省会城市农村居民人均可支配收入的比较

（三）与成都、重庆、贵阳、南宁的比较

1. 城镇登记失业率

昆明市 2019 年城镇登记失业率为 3.44%，分别比重庆、南宁、贵阳、成都高了 0.84%、0.74%、0.44%、0.14%（见图 7－8）。

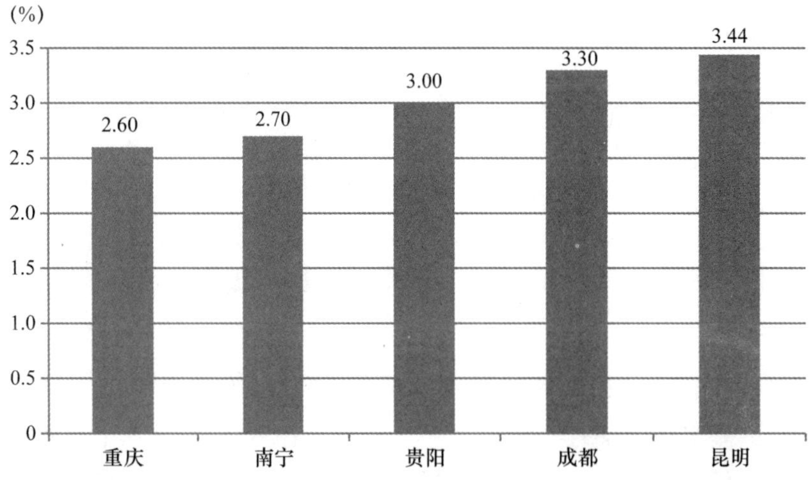

图 7－8　2019 年昆明与重庆、成都、贵阳、南宁城镇登记失业率比较

昆明市2020年城镇登记失业率为4.22%，低于重庆与南宁，高于贵阳与成都，较重庆与南宁分别低了0.28%、1.28%，较贵阳与成都分别高了0.22%、1.22%（见图7-9）。

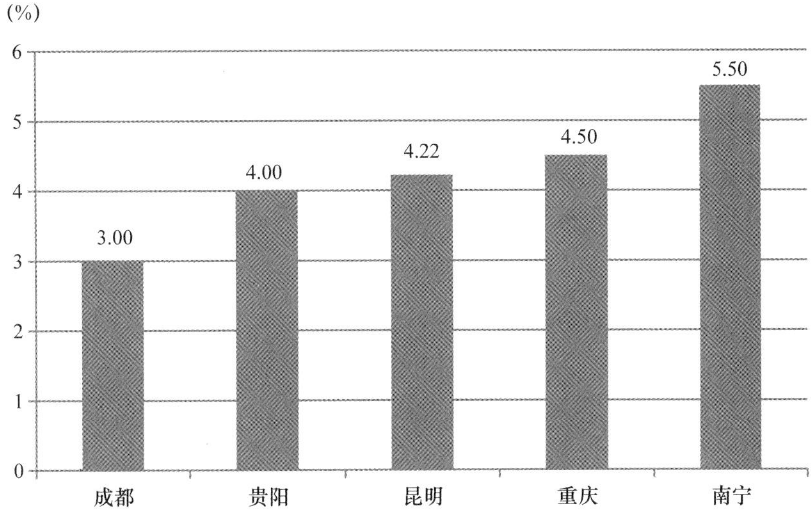

图7-9 2020年昆明与重庆、成都、贵阳、南宁城镇登记失业率比较

2019—2020年，昆明的城镇登记失业率从3.44%上升到4.22%，在与其他4个西南城市的对比中，从最后1位上升到第3位。

2. 农村居民人均可支配收入

昆明市2020年农村居民人均可支配收入17719元，落后于成都、贵阳，但高于重庆、南宁，较成都、贵阳分别低了8713元、955元，较重庆、南宁分别高了1358元、1589元（见图7-10）。

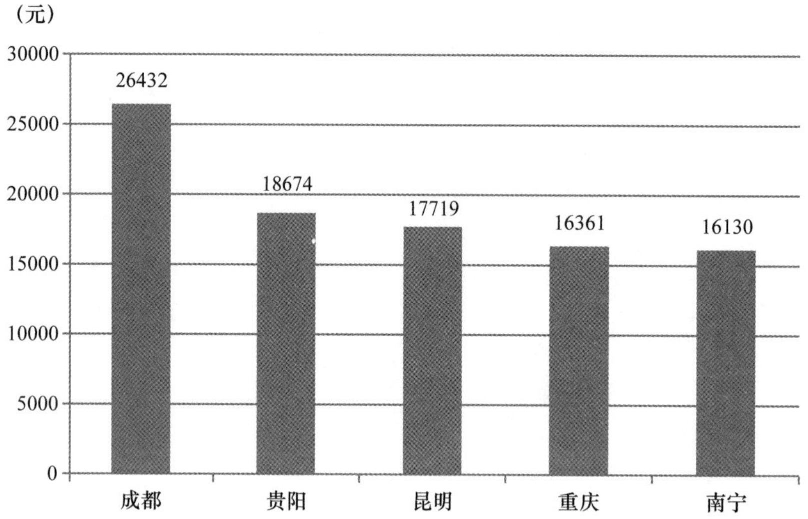

图 7 - 10　2020 年昆明与成都、贵阳、重庆、南宁农村居民人均可支配收入的比较

五　与东南亚、南亚国家与城市的比较

（一）昆明与巴基斯坦、孟加拉国、斯里兰卡和印度 4 个南亚国家若干指标比较

1. 居民平均预期寿命

居民平均预期寿命，是综合反映人们健康水平的基本指标，社会经济条件、卫生医疗水平限制着人们的寿命，所以不同的社会，不同的时期，寿命的长短有着很大的差别。

2019 年昆明市居民平均预期寿命为 79.41 岁，比南亚 4 国中最高的斯里兰卡多 2.61 岁，比最低的巴基斯坦多 12.31 岁（见图 7 - 11）。

巴基斯坦与印度的平均预期寿命较低，很大程度上源于高糖高油的饮食习惯，普遍较差的医疗状况以及极差的卫生状况。

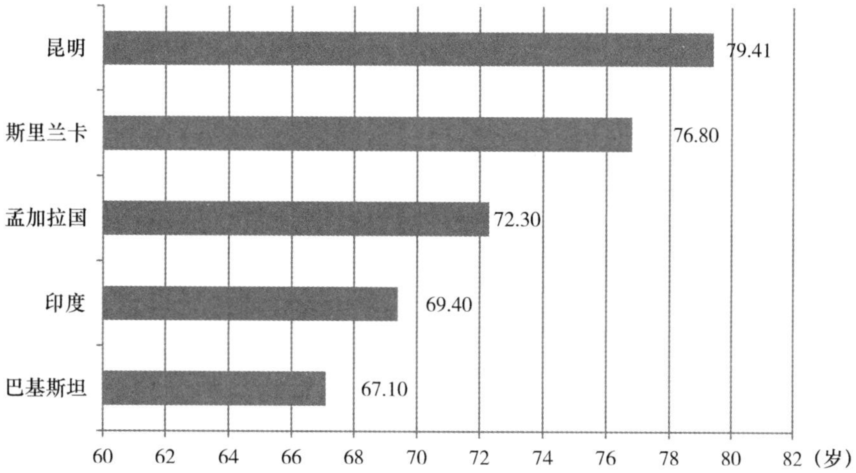

图 7－11　2019 年昆明与巴基斯坦、孟加拉国、斯里兰卡和印度人均预期寿命的比较

2. **城镇登记失业率**

失业率是评价一个国家或地区就业情况的重要指标，过高失业率不仅影响经济的健康发展，也会造成更大的贫富差距，影响社会的稳定。

2019 年昆明市城镇登记失业率为 3.44%，比南亚 4 国中最高的印度低 1.96%，比最低的孟加拉国和斯里兰卡低 0.76%（见图 7－12）。

近十年来印度的失业率一直居高不下，很大原因在于低迷的制造业。印度的产业政策出现了的问题，本土产品没有竞争优势，制造商用购买代替生产，以牺牲当地就业获得更大的利润。此外，大量的贫困人口无法得到相应的职业技能培训与教育，使得贫困人口更难以找到工作，摆脱贫困。

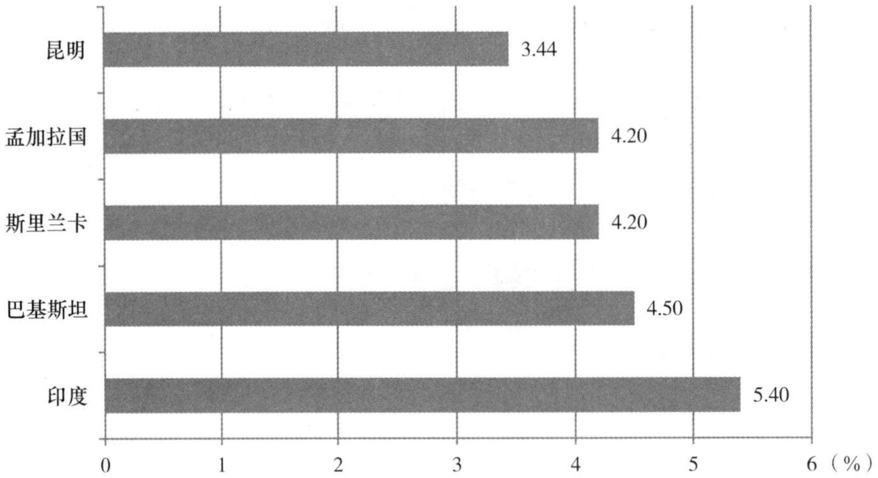

图 7－12　2019 年昆明与巴基斯坦、孟加拉国、斯里兰卡和印度城镇登记失业率的比较

3. 每千人拥有执业医师数

执业医师（英文：Practicing physician）是指具有医师执业证及其“级别”为“执业医师”且实际从事医疗、预防保健工作的人员，不包括实际从事管理工作的执业医师。每千人拥有执业医师数标志着健康人才队伍建设的成效。

2019 年昆明市每千人拥有执业医师数为 4.57 人，比南亚 4 国中最高的巴基斯坦多 3.57 人，比最低的孟加拉国多 4.07 人（见图 7－13）。

4. 每千人口医疗卫生机构床位数

2019 年昆明市每千人口医疗卫生机构床位数为 9.22 张，比南亚 4 国中最高的斯里兰卡多 5.62 张，比最低的巴基斯坦多 8.62 张（见图 7－14）。

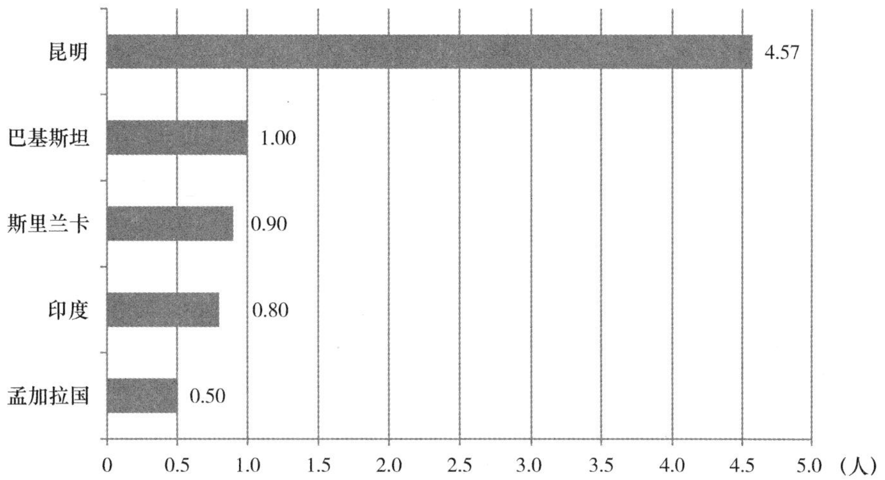

图 7－13　2019 年昆明与巴基斯坦、孟加拉国、斯里兰卡和印度每千人拥有执业医师数的比较

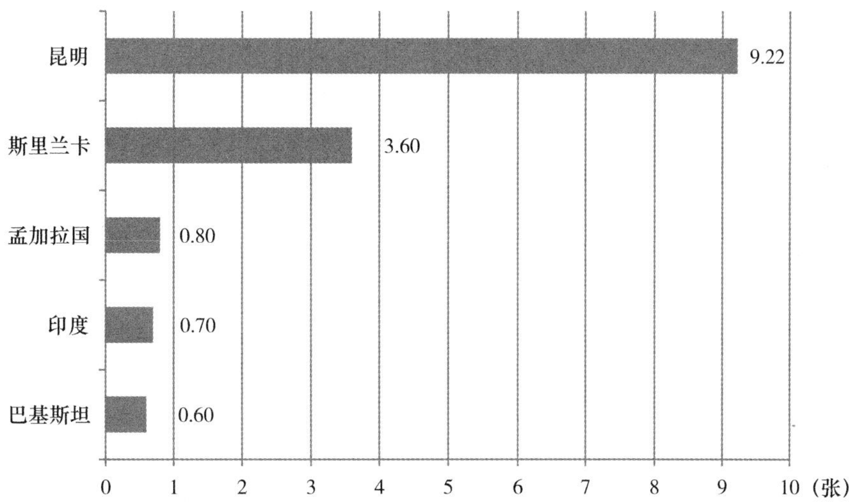

图 7－14　2019 年昆明与巴基斯坦、孟加拉国、斯里兰卡和印度每千人口医疗卫生机构床位数的比较

（二）昆明与菲律宾、马来西亚、泰国、新加坡和印度尼西亚 5 个东南亚国家若干指标比较

1. 居民平均预期寿命

2019 年昆明市居民平均预期寿命为 79.41 岁，比东南亚 5 国中最高的新加坡少 3.69 岁，比最低的菲律宾多 8.31 岁（见图 7－15）。

根据新加坡财政部每两年出版一次的《新加坡公共部门成果评估》（*The Singapore Public Sector Outcomes Review*，简称 SPOR）显示，2019 年新加坡的人均预期寿命为世界最高，其健康预期寿命也是世界上最高的之一。先进的医疗水平和医疗设施，完善的医疗保健体系，健全的食品安全监管体系，以及优良的自然居住环境等等，都是新加坡居民平均预期寿命世界名列前茅的原因。

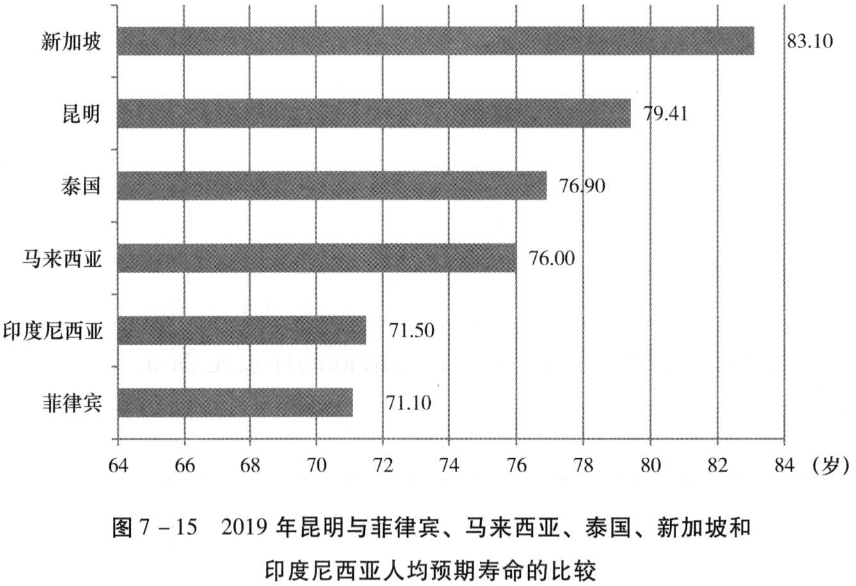

图 7－15　2019 年昆明与菲律宾、马来西亚、泰国、新加坡和印度尼西亚人均预期寿命的比较

2. 城镇登记失业率

2019 年昆明市城镇登记失业率为 3.44%，比东南亚 5 国中最高的新加坡低 0.66%，比最低的泰国高 2.74%（见

图 7－16）。

失业率低通常被认为是就业情况良好的表现，新冠肺炎疫情爆发前，泰国的失业率一再拉低，发达的旅游业给泰国带来了大量的就业机会。不过，疫情爆发后，泰国的失业率急剧上升，显然受到很大冲击。

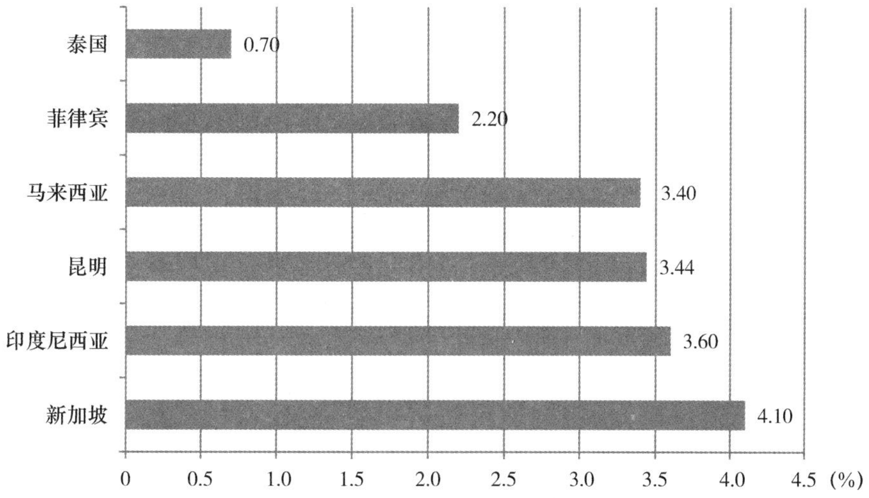

图 7－16　2019 年昆明与菲律宾、马来西亚、泰国、新加坡和印度尼西亚城镇登记失业率的比较

3. **每千人拥有执业医师数**

2019 年昆明市每千人拥有执业医师数为 4. 57 人，比东南亚 5 国中最高的新加坡多 2. 27 人，比最低的印度尼西亚多 4. 17 人（见图 7－17）。

昆明的每千人拥有执业医师数比新加坡、马来西亚等国家高，说明在医疗队伍建设中所做出的努力，2019 年全国公共服务质量监测结果显示，在全国 31 个省份的 160 个城市中，昆明市公共服务质量满意度监测分值 84. 62 分，位列第七。

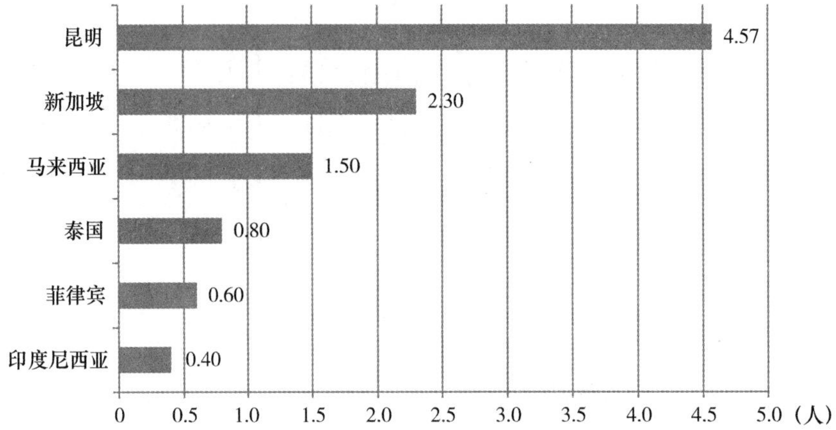

图 7－17　2019 年昆明与菲律宾、马来西亚、泰国、新加坡和印度尼西亚每千人拥有执业医师数的比较

4. 每千人口医疗卫生机构床位数

近年来，昆明市紧紧围绕打造中国健康之城、建设区域性国际中心城市的战略目标，全市医疗卫生服务水平稳步提升。2019 年昆明市每千人口医疗卫生机构床位数为 9. 22 张，比东南亚 5 国中最高的新加坡多 6. 82 张，比最低的菲律宾多 8. 22 张（见图 7－18）。

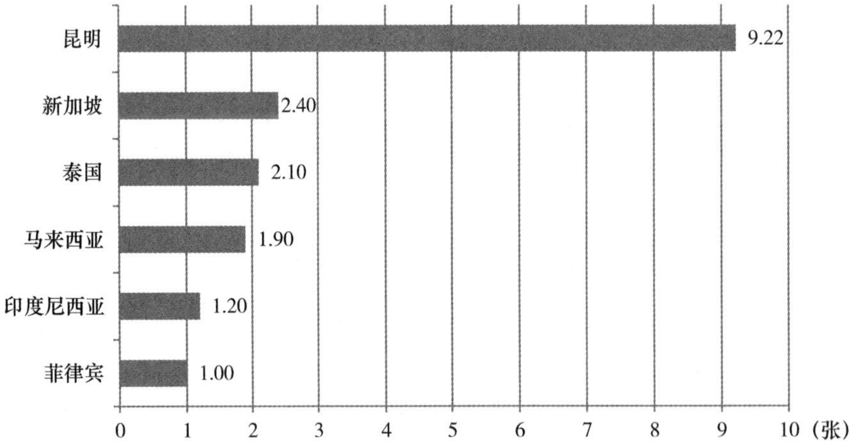

图 7－18　2019 年昆明与菲律宾、马来西亚、泰国、新加坡和印度尼西亚每千人口医疗卫生机构床位数的比较

（三）昆明与东南亚、南亚城市的比较

本报告选取南亚的5个城市和东南亚的8个城市，从以下与市域社会治理相关方面的指标进行比较。

1. 城区面积

2020年昆明市的城市面积是21473km^2，与5个南亚城市、8个东南亚城市相比，昆明的城区面积不大，但在14个城市中排名第1（见图7－19）。

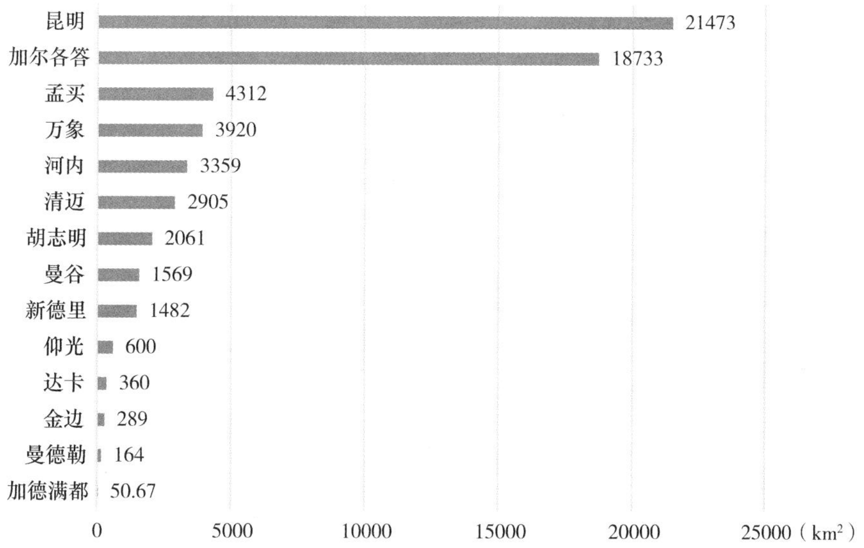

图7－19 2020年城区面积比较

2. 常住人口规模

2020年，昆明市常住人口是846万人，在14个城市中排名第7，比第1位的新德里少1654万人（见图7－20）。

3. 空气质量综合指数（PM2.5）

2020年昆明市空气质量综合指数是3.45$\mu g/m^3$，远远低于南亚的5个城市和东南亚的8个城市，比最后1位的新德里低95.15$\mu g/m^3$（见图7－21）。

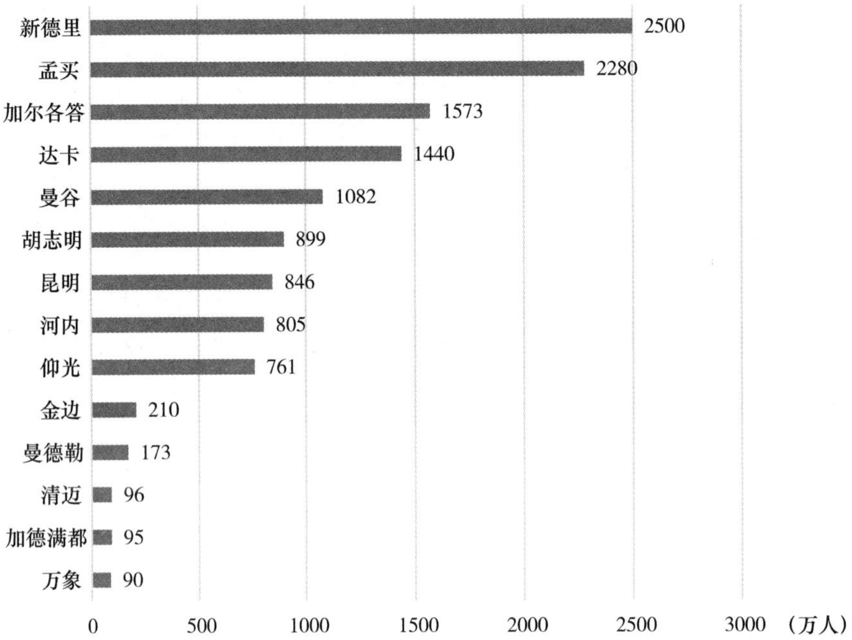

图 7-20　2020 年常住人口规模比较

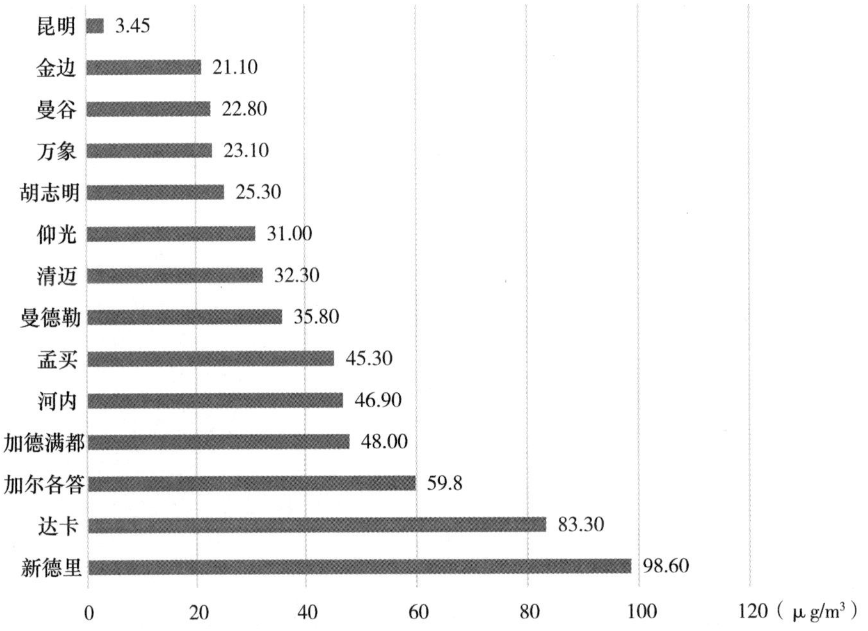

图 7-21　2020 年空气质量综合指数（PM2.5）比较

4. **森林覆盖率**

2020 年昆明市森林覆盖率为52. 63%，高于南亚的5 个城市和东南亚的8 个城市，比最后1 位的达卡高44. 43%（见图7 - 22）。

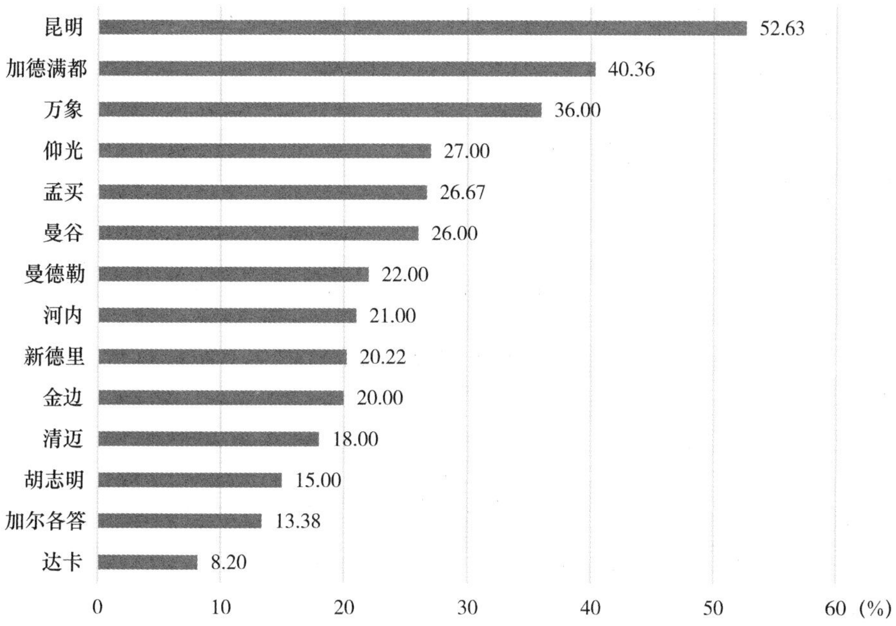

图7 - 22　2020 年森林覆盖率比较

气候和生态环境是城市发展的基础，关系到城市社会和经济推进。昆明的空气质量、森林覆盖率良好，具备打造国际健康名城、花园城市的优势。

5. **铁路里程数**

2020 年，昆明市的铁路里程数是914 千米，高于南亚的5 个城市和东南亚的8 个城市，比最后1 位的达卡多828 千米（见图7 - 23）。

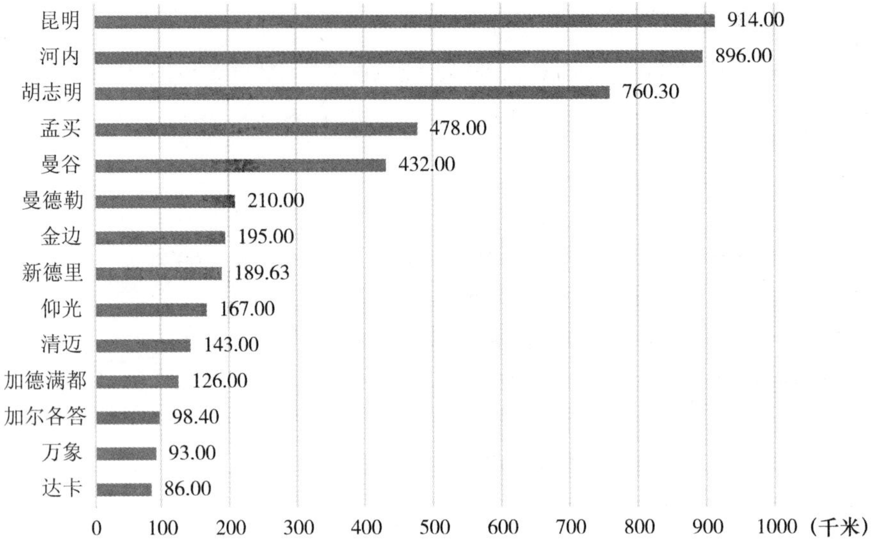

图 7－23　2020 年铁路里程数比较

6. **公路里程数**

2020 年，昆明市的公路里程数是 19434.0 千米，远高于南亚的 5 个城市和东南亚的 8 个城市，比最后 1 位的清迈多 18676.6 千米（见图 7－24）。

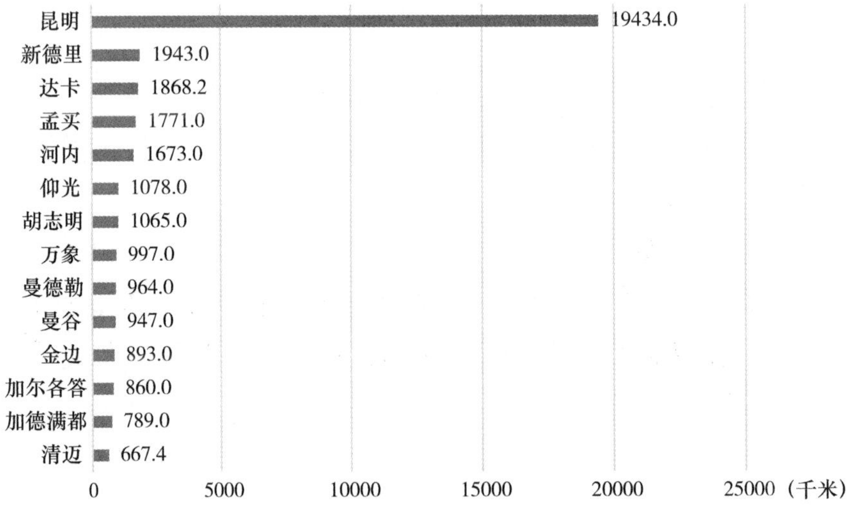

图 7－24　2020 年公路里程数比较

7. **航空线路数**

2020 年，昆明市的航空线路数为 375 条，在南亚的 5 个城市和东南亚的 8 个城市中排名第 4，低于孟买、新德里和河内，比第 1 位的孟买少了 197 条（见图 7 –25）。

基础设施是城市赖以生存发展的一般物质条件，是城市发展水平和社会协调进步的体现，是城市社会经济活动正常进行的保障。昆明的铁路、公路、航空线路体系构建，连接国内、联通世界，为建成国际交通枢纽城市奠定基础。

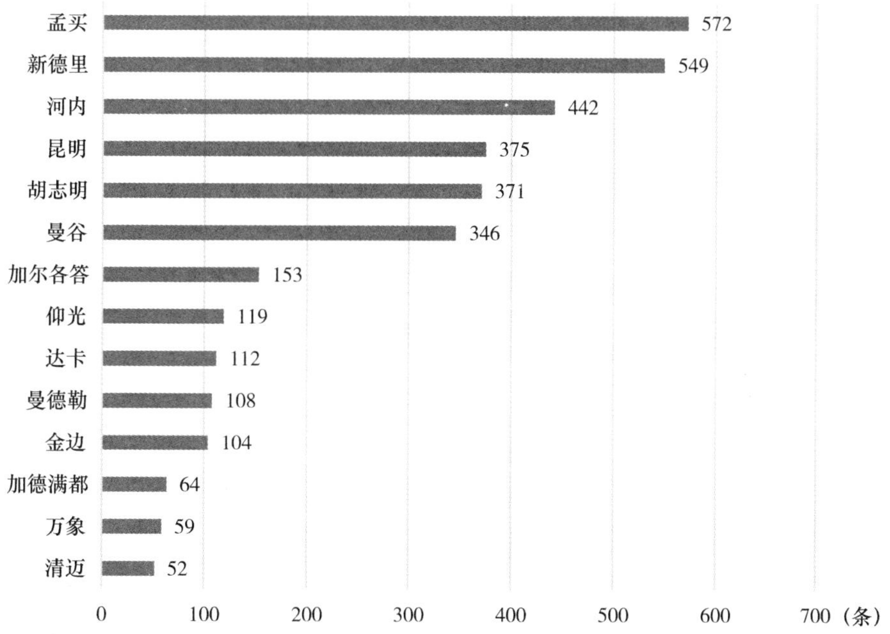

图 7 –25　2020 年航空线路数比较

8. **人均** GDP

2019 年昆明市人均 GDP 为 1.15 万美元，在南亚的 5 个城市和东南亚的 8 个城市中排名第 4，低于曼谷、孟买、清迈，比第 1 位的孟买少了 1.05 万美元（见图 7 –26）。

人均 GDP 是衡量城市经济水平最直观的参数，是城市重要的综合性统计指标。昆明虽然总量 GDP 在东南亚、南亚城市中排名靠后，但人均 GDP 靠前，经济发展格局有待优化，提高经济总量。

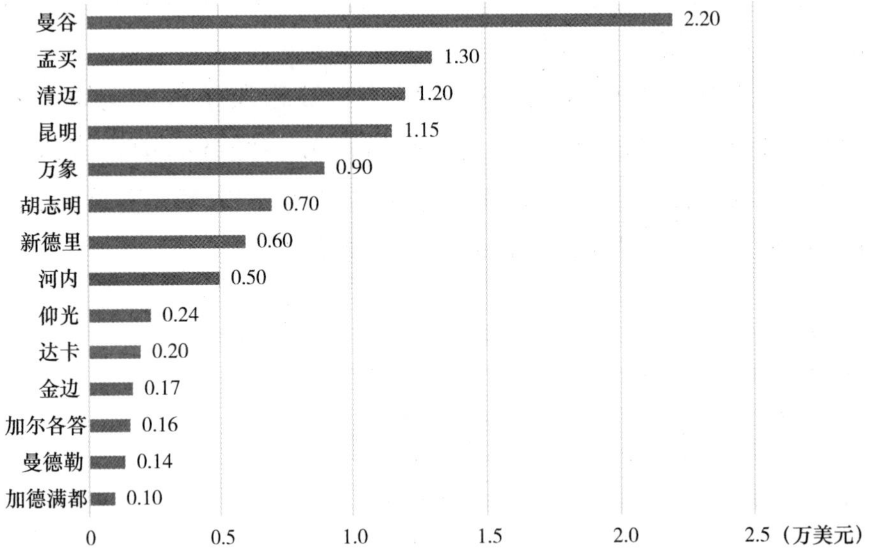

图 7－26　2019 年人均 GDP 比较

9. 城镇人均可支配收入

2019 年昆明市人均可支配收入为 6710 美元，在南亚的 5 个城市和东南亚的 8 个城市中排名第 2，仅次于加尔各答，比加尔各答少了 690 美元（见图 7－27）。

人均可支配收入是评价城市生活、居民生活质量的指标之一，昆明的人均可支配收入排名第 2，仅次于加尔各答，达到了一定的发展水平。

10. 博物馆总量①

2020 年，昆明市共有 39 座博物馆，在南亚的 5 个城市和东南亚的 8 个城市中排名第 2，仅次于新德里，比新德里少了 8 座（见图 7－28）。

① 博物馆包括历史、科教、民俗类型。

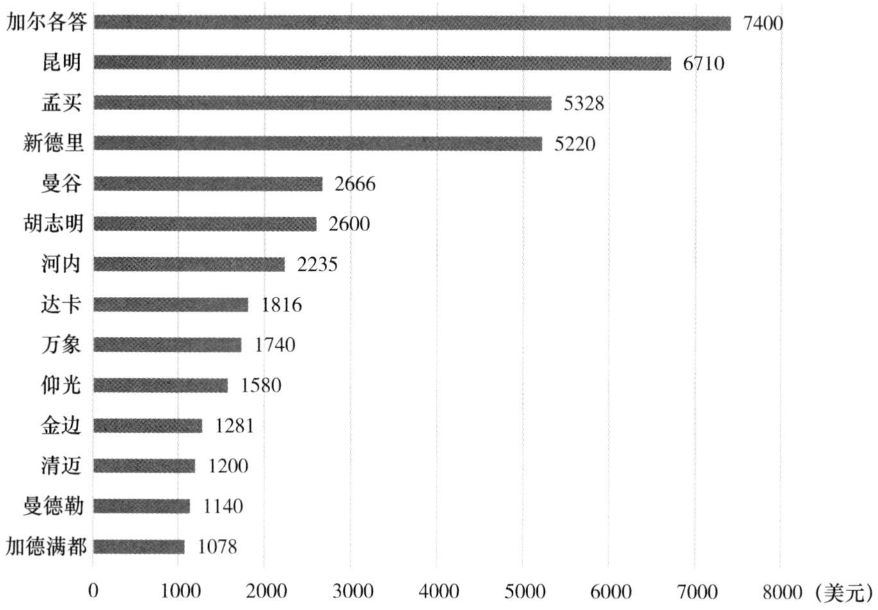

图 7－27　2019 年城镇人均可支配收入比较

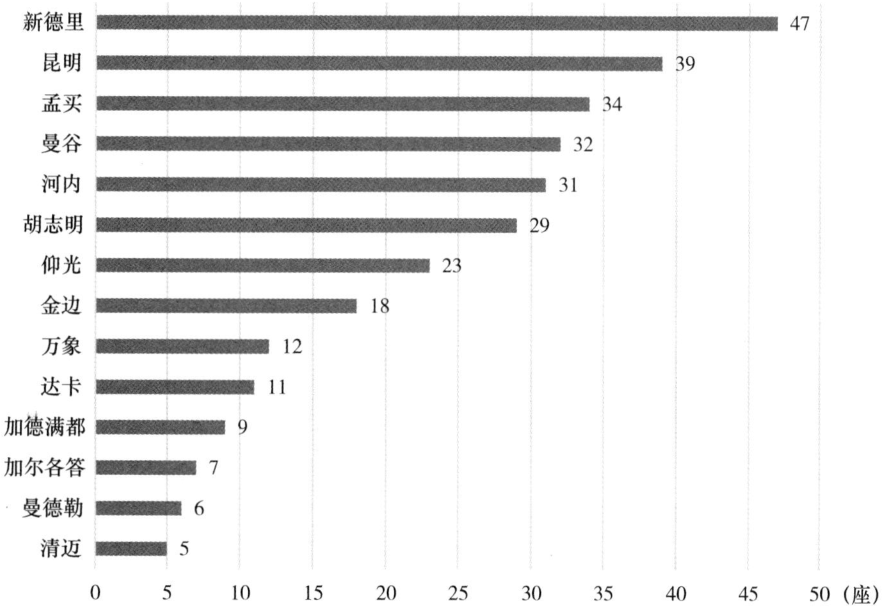

图 7－28　2020 年博物馆总量比较

11. 图书馆总量

2020 年，昆明市共有 15 座图书馆，在南亚的 5 个城市和东南亚的 8 个城市中排名第 6，比排名第 1 的新德里少了 12 座（见图 7－29）。

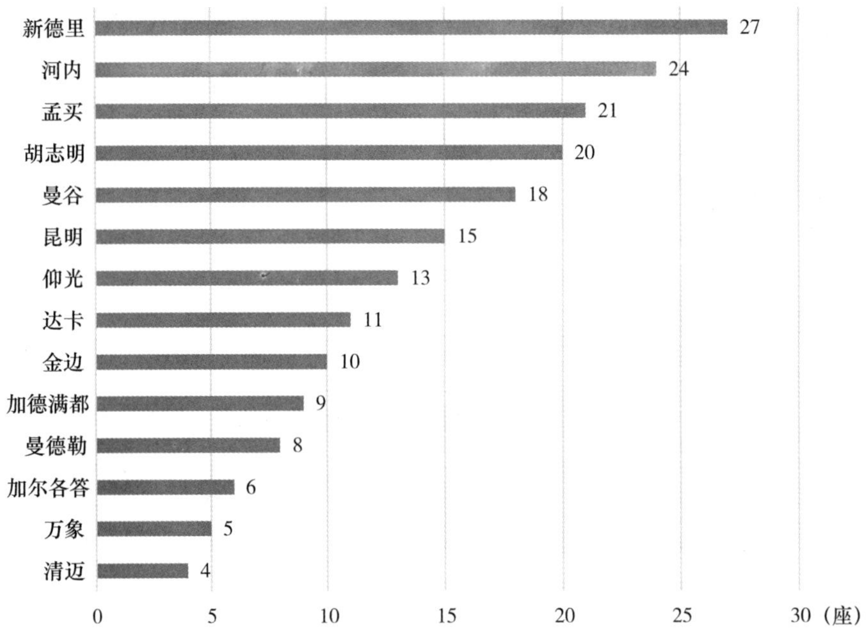

图 7－29　2020 年图书馆总量比较

12. 文化馆总量

2020 年，昆明市共有 16 座文化馆，在南亚的 5 个城市和东南亚的 8 个城市中排名第 4，比排名第 1 的新德里少了 7 座（见图 7－30）。

文化是城市的软实力，是影响城市风貌特色的重要元素。昆明的著名景点、博物馆、图书馆、文化馆等文化设施与其他城市存在一定差距，尚有提升的空间。

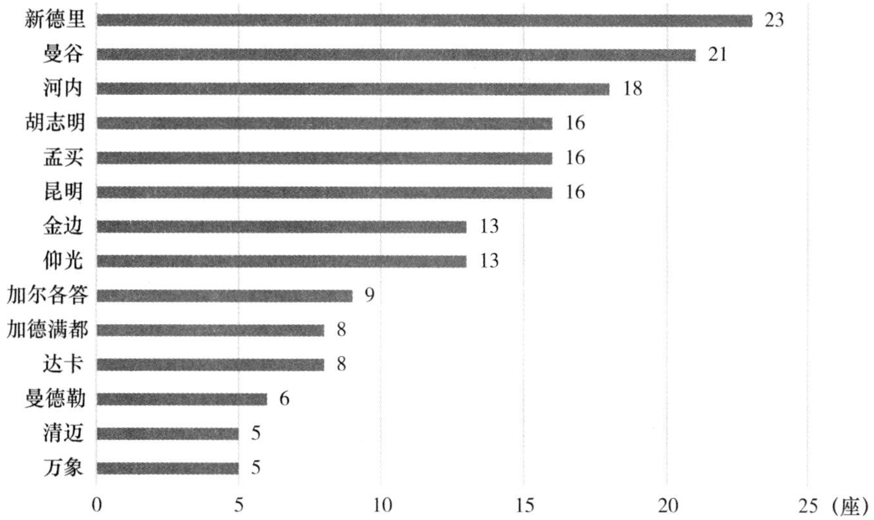

图 7－30　2020 年文化馆总量比较

13. 大学（本科）总量

2020 年，昆明市的大学（本科）有 20 所，在南亚的 5 个城市和东南亚的 8 个城市中排名第 4，比排名第 1 的达卡少了 31 所（见图 7－31）。

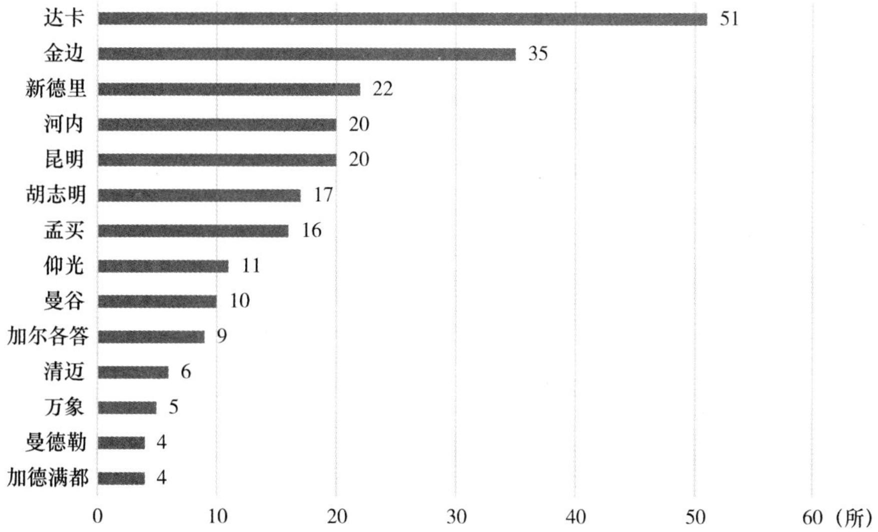

图 7－31　2020 年大学（本科）总量比较

六 以重点领域社会治理的现代化推进高质量发展

“十四五”时期，昆明要克服社会治理方面的若干短板，就要聚焦重点领域的社会治理现代化，以更好地推进昆明的高质量发展。

（一）推进党建引领基层自治共治

巩固村（社区）党组织在其他基层组织、各方力量和一切工作中的领导地位，加强对村民自治组织、集体经济组织、共青团、妇联、民兵等组织的领导，制定村（社区）党组织工作规程和小微权力清单，建立各类基层组织向村（社区）党组织报告工作制度，建立健全村（社区）党组织讨论决定重要工作机制，着力推动村（社区）党组织领导方式从包办型、指令型向核心型、引导型转变。建立健全党委统筹、组织联建、工作联动、队伍联合，服务联办、保障联享、责任联查的党群“一统六联”工作机制，实现资源整合、协同服务。以街道、社区为单位，建立资源清单、需求清单、项目清单。严格落实村（社区）工作准入“一办法、三清单”，清单以外的事项，严格准入审批，经核准后方可纳入村（社区）工作范围，凡未列入准入事项的不得指派村（社区）办理。

（二）完善社会治理的组织体系

坚持以系统思维、系统观念推进社会治理，着力构建部门之间既各司其职、各负其责，又相互衔接、相互配合的全面系统的社会治理组织体系。加快推进社会建设机构实体化运作，严格落实各县（市）区社会建设工作专班设在县（市）区委办公室，专班专职工作人员不少于 5 人，逐步推动在各县（市）

区委单独设立社会工作委员会（社会建设工作办公室），作为党委工作部门，加强对社会建设工作的统筹协调，承担县（市）区委社会建设工作领导小组办公室议事协调职能。

（三）改进基层社会治理方式

1. 构建基层社会治理共同体

推动社会治理重心向基层下移，健全党组织领导的自治、法治、德治相结合的城乡基层治理体系，完善基层民主协商制度，实现政府治理同社会调节、居民自治良性互动，构建“一核多元、融合共治”的基层社会治理格局，建设人人有责、人人尽责、人人享有的社会治理共同体。加强和创新基层社会治理，强化与市域社会治理现代化紧密结合、一体化推进，确保上下贯通、左右协调，形成治理合力，使每个社会细胞都健康活跃，将矛盾纠纷化解在基层，将和谐稳定创建在基层。在全市范围内统筹制定区县职能部门、乡镇（街道）在村（社区）治理方面的权责清单，依法依规梳理和清理村（社区）群众自治组织权责。

2. 深化拓展“网格化”治理

制定并实施“网格化”治理体系专项规划，构筑起纵向到底、横向到边和纵向联动、横向整合的“网格化”治理系统，让网格成为基层社会治理的最基础单元，不断提升社会服务精准化与社会治理精细化水平。充分考量区域方位的差异化特征，合理适度地进行网格的划分和优化设置。结合开展疫情网格化防控工作的有效做法，建立健全市、县（市）区机关干部下沉村（社区）网格工作预案，建立健全村（社区）网格应急响应机制。坚持以居民的公共服务需求为导向，科学合理设置网格员尤其是教育、医疗、看护等功能性网格员。每个网格至少配备1名专职网格员，明确网格员的职能和身份属性，加强网格员尤其是专职网格员的职业培训，完善激励机制，探索建立专职网格员的职业上升通道和所有网格员的薪酬待遇增长机制，保障网格员工作的主动性和积极性。在有条件的县（市）区，以社区和行政村为治理网络的中心节点，推动力量下沉、资源下沉、保障下沉。

（四）提高基层社会治理现代化能力

1. 增强基层依法治理能力

用好用足地方立法权，针对网格化服务管理、矛盾纠纷多元化解、疑难复杂信访事项处理等重点难点问题，有规划、有重点、有步骤地推动社会治理领域立法。深入推进公共法律服务实体、热线和网络平台建设，健全县（市）区、乡镇（街道）、村（社区）四级法律服务体系，加强基层司法所和公共法律服务中心（站、点）规范化建设，推行“一村（社区）一法律服务员”制度，村（社区）100%配备法律服务员。推进覆盖城乡居民的公共法律服务体系建设，加强法律服务供给，实施“法律明白人”培养工程。结合推进“数字法治·智慧司法”建设，加强移动端的推广运用，实现法律服务、法律事务办理“掌上问、掌上办”。做实做强乡镇（街道）、村（社区）人民调解委员会，加强人民调解员队伍和行业性、专业性调解组织建设。落实“谁执法谁普法、谁主管谁普法、谁服务谁普法”普法责任制，分业、分类、分众开展法治宣传教育，不断提升法治宣传教育的针对性和实效性。每年创建市级“妇女儿童法律援助中心（维权岗）站”30个、50个市级“平安家庭”示范户，建立和完善妇联调解与司法、行政调解衔接配合的婚姻家庭纠纷预防化解工作机制，源头预防和化解家庭婚姻纠纷。以民族团结进步示范区创建活动为载体，积极推动民族地区开展形式多样的基层法治创建活动。

2. 增强基层信息化应用能力

充分利用新基建全面赋能市域治理，加快推动实现公共服务领域5G终端、区块链技术应用、服务数据融合共享，努力实现“线上办”“网上办”“快速办”“高效办”；充分运用互联网、大数据、人工智能等技术，破除各层级和各部门之间的“信息孤岛”，将数据服务支撑能力延伸到基层，实现智慧化治理。逐步建立和完善市、县（市）区、街道（乡镇）社会治理动态监测信息系统，为基层社会治理提供科技支撑。推进“智慧社区”和“智慧乡村示范点”建设，加强一体化社区信息服务站、社区信息亭、社区信息服务自助终端等公益性信息服务设施建设。鼓励有条件的街道（乡镇）政府结合本地实际，因地制宜引进必要的智能技术和方式，智能化整合各类服务资源，为城乡广大居民群众提供政务、就业、教育、医护、娱乐及生活互助等方面便捷线上服务。实施“雪亮工程”，实施《昆明市智慧安防小区建设三年行动计划（2020—2022年）》，全面推广小区智慧安防建设，提升小区自身管理能力，对基层社会治理智治体系形成有力支撑，实现对各类安全隐患“及时发现预警，及时防范处置”。2021年全市物业小区100%覆盖；2022年全市居民小区100%覆盖。

（五）强化基层社会治理创新示范引领

探索县域社会治理试点创建，高质量推进“五个一批”工程，深化城乡社区治理创新示范点、乡村治理创新试点，强化民主法治示范村（社区）建设推进民主法治示范村（社区）建设，到2022年，市级“民主法治村（社区）”覆盖率达80%以上。持续推进“百佳示范小区”“十佳社会治理能人”等“百佳·十佳”系列创建活动。按照“边试点、边总结、边推广、边提升”的思路，及时总结提炼可复制、可推广的基层社会治理经验，以创建促提升，以示范带发展。充分考虑昆明“大城市、大农村”的现实情况，深刻认识区域之间、城乡之间发展不平衡不充分的市情，突出特色优势，形成既有共性又有特色的基层社会治理模式。

（六）推进综治中心规范化建设全覆盖

推进市、县、乡三级综治中心规范化建设全覆盖，完善工作机制、运行机制、保障机制，配备相应工作人员，整合城市管理、信访、司法、应急、公安等资源，构建社会治理一体化实战平台，实现与相关部门资源整合、信息共享、协调一致，逐步实现全市“一个中心统筹管理治理”。按照《城乡社区网格化服务管理规范》（GB/34300—2017），推动综治中心与网格化服务管理中心、综合服务管理平台一体化建设运行。依托“智慧城市”平台，推进综治中心实体化、规范化建设，统筹开展网格化服务管理中心建设，逐步构建市、县（市）区、乡镇（街道）、村（社区）、网格五级互联的网格化服务管理体系。

（七）提高维护公共安全效能

1. 提高对影响群众安全突出问题的精准打击能力

聚焦“六清”行动目标，打好扫黑除恶专项斗争决胜战；常态化推进扫黑除恶“六建”工作，推动扫黑除恶常治长效。完善对重点地区、突出问题的常态打击整治机制，深入打击整治涉枪涉爆、电信网络诈骗、侵犯公民个人信息、侵害未成年人和“盗抢骗”“黄赌毒”“食药环”等违法犯罪，深化预防青少年违法犯罪工作，维护社会良好秩序。加大毒品突出问题治理力度，创新禁吸戒毒工作模式，推进禁毒示范创建活动。加强病残吸毒人员收治管控工作，健全病残吸毒人员转戒司法衔接机制，确保病残吸毒人员全员收戒。加强命案防控工作，健全落实命案防控工作制度和领导责任制，开展“无命案县（市）区”“无命案乡镇（街道）”等创建活动。加强流动人口服务，按照“3579”标准（小型社区 3 名、中型社区 5 名、大型社区 7 名、超大型社区 9 名），在全市配备流动人口专职协管员，推行

“1+1+N+X”工作模式（即1名社区干部+1名社区民警+N名流动人口协管员+X名楼栋长、物业人员、志愿者等社会力量），提升流动人口精准化服务水平。

2. 提高对动态环境下社会治安的主动防控能力

坚持立体化、法治化、专业化、智能化方向，加强社会治安防控体系建设。深入总结疫情防控中联防联控、群防群治的经验，坚定不移走专群结合之路，科学调配公安干警、辅警及群防群治力量，结合实际，提高街面布警比例，建立不低于常住人口1‰的专兼职平安巡防队伍。以管控“人、地、物、事、网、组织”等基本治安要素为重点，以科技信息化为支撑，以服务实战为导向，加快推进前端感知体系建设，探索“人力+科技”“传统+现代”的风险预警模式，着力提升基础防范和源头管控水平，进一步加强警力布控，完善视频监控系统和夜间勤务机制，深入推进街面、小区、社区、内保单位、地铁公交等防控单元智慧建设，打造数据驱动、人机协同、跨界融合的智慧治理新模式，加强基层派出所规范化和群防群治力量建设，提升预测预警能力，构建立体化、信息化社会治安防控体系，进一步夯实社会治安防控基础。

3. 提高对安全生产风险隐患的综合治理能力

加快建立健全安全生产责任和管理制度体系、隐患排查治理和风险防控体系，强化消防、交通等安全隐患常态化治理，加强对寄递物流、危爆物品等行业监管，防范遏制重特大安全事故。全面落实安全生产属地责任、部门责任、企业责任，建立行业安全稳定风险评估、化解和管控制度，确保管行业、管业务、管生产同步管安全稳定。提高安全生产动态监测与实时预警能力，加强对新技术、新产业、新业态、新模式的安全监管和评估。健全市、县、乡三级应急综合指挥平台，完善突发事件应急处置机制，构建实战化、扁平化、合成化应急处置模式。市、县两级建立综合性应急处置队伍，加强乡镇处置力量和社会救援力量建设。定期开展综合实战演练，提高快速反应和应急处置能力，实现上下衔接、统分结合。

（八）推进虚拟社会综合治理

1. 有效打击网络违法犯罪活动

完善网络社会综合防控体系，依法打击整治各类新型网络犯罪，坚决遏制网络违法犯罪多发高发势头，有力铲除网络安全领域黑色产业链。加强跨区域协作，深入打击整治网络贩枪、网络黄赌毒、网络传销、电信网络诈骗、网络套路贷等网络犯罪，斩断网络犯罪利益链条。督促市域内互联网行业组织完善行业自律管理规范，督促网站平台落实主体责任，健全网民监督举报机制。

2. 有效维护网络信息数据安全

严格落实安全责任和防护措施，完善数据安全风险报告、研判处置机制，提升信息安全保障水平和风险防范能力。加大对涉及国家秘密、商业秘密、个人隐私等重要数据的保护力度，依法严厉打击相关违法犯罪活动。加强网络安全监管、电话用户实名登记，落实网络安全主体责任，完善对新技术、新应用的安全监管体系。

3. 有效提升网络综合治理能力

创新互联网时代群众工作机制，推动社情民意在网上了解、矛盾纠纷在网上解决、正面能量在网上聚合。加强互联网内容建设，建设市级政务网络新媒体，做好政务公开、信息发布、舆论引导和公共服务。在全市范围内推进社区、网格群众工作微信群全覆盖，建立相应的诉求收集、解决、回应机制，健全网民诉求处理程序及反馈机制，不断壮大网络文明志愿者队伍，规范和引导网络社团社群健康发展。成立昆明政法融媒体中心，形成全市“政法 + 网络”新媒体的矩阵优势和规模效应。

参考文献

《中共中央关于党的百年奋斗重大成就和历史经验的决议》，人民出版社 2021 年版。

《习近平谈治国理政》（第三卷），外文出版社 2020 年版。

中共中央宣传部：《习近平新时代中国特色社会主义思想学习问答》，人民出版社 2021 年版。

卜宪群：《习近平新时代治国理政的历史观》，中国社会科学出版社 2019 年版。

程连元主编：《昆明社会治理发展报告（2019）》，中国社会科学出版社 2019 年版。

冯仕政：《社会治理新蓝图》，中国人民大学出版社 2017 年版。

龚维斌等：《中国社会治理创新之路——中国道路·社会建设卷》，经济科学出版社 2019 年版。

孔卫英：《改革开放以来中国社会治理思想研究》，中国社会科学出版社 2018 年版。

李长健：《中国农村社会治理法治化研究基于社区发展的视角》，湖北人民出版社 2015 年版。

李军：《区域经济社会治理能力研究》，社会科学文献出版社 2018 年版。

连玉明：《中国社会治理创新报告 2019》，社会科学文献出版社 2020 年版。

潘家华：《生态文明建设的理论构建与实践探索》（习近平新时

代中国特色社会主义思想学习丛书），中国社会科学出版社 2019 年版。

孙柏瑛：《城市基层政府社会治理体制机制的现代转型》，中国社会科学出版社 2020 年版。

孙莉莉：《特大城市社会治理：立足基层社区的考察》，上海交通大学出版社 2019 年版。

佟岩、刘娴静：《社区建设与社会治理创新》，知识产权出版社 2015 年版。

王利敏、孟莉编：《社会治理视野下的社会工作发展》，河北人民出版社 2015 年版。

魏礼群编：《社会治理通论》，北京师范大学出版社 2019 年版。

魏礼群编：《社会治理：新思想，新实践，新境界》，中国言实出版社 2018 年版。

张峰：《大城治理：基于精细化目标的特大城市智慧治理研究》，上海人民出版社 2020 年版。

张静：《社会治理：组织、观念与方法》，商务印书馆 2019 年版。

张康之：《社会治理的经络》，社会科学文献出版社 2020 年版。

张翼编：《社会治理与城乡一体化》，社会科学文献出版社 2015 年版。

国务院发展研究中心公管所：《社会治理的理论与实践探索》，中国发展出版社 2018 年版。

中国社会科学院国家法治指数研究中心、中国社会科学院法学研究所法治指数创新工程项目组：《社会治理：新时代“枫桥经验”的线上实践》，中国社会科学出版社 2019 年版。

中华人民共和国国家统计局编：《中国统计年鉴 2021》，中国统计出版社 2021 年版。

中华人民共和国国家统计局编：《中国统计年鉴 2020》，中国统计出版社 2020 年版。

中华人民共和国国家统计局编：《中国统计年鉴 2019》，中国统计出版社 2019 年版。

《中国省市经济发展年鉴》编委会编：《中国省市经济发展年鉴 2019—2020》，中国财政经济出版社 2021 年版。

国家统计局农村社会经济调查司编：《中国县域统计年鉴 2020》，中国统计出版社 2020 年版。